光尘
LUXOPUS

恰如其分的孤独

胡慎之 著

中国出版集团
中译出版社

图书在版编目（CIP）数据

恰如其分的孤独 / 胡慎之著. -- 北京：中译出版
社, 2023.9
ISBN 978-7-5001-7439-4

Ⅰ.①恰… Ⅱ.①胡… Ⅲ.①人际关系学—通俗读物
Ⅳ.①C912.11-49

中国国家版本馆 CIP 数据核字（2023）第 114888 号

恰如其分的孤独

著　　者：胡慎之
策划编辑：刘　钰
责任编辑：刘　钰
营销编辑：王珩瑾　赵　铎　魏菲彤　王文乐

出版发行：中译出版社
地　　址：北京市西城区新街口外大街 28 号普天德胜大厦主楼 4 层
电　　话：（010）68002494（编辑部）
邮　　编：100088
电子邮箱：book@ctph.com.cn
网　　址：http://www.ctph.com.cn

印　　刷：北京中科印刷有限公司
经　　销：新华书店
规　　格：1230 mm×880 mm　1/32
印　　张：9
字　　数：149 千字
版　　次：2023 年 9 月第 1 版
印　　次：2023 年 9 月第 1 次印刷

ISBN 978-7-5001-7439-4　　　　　定价：59.00 元

前　言

孤独，是个伪命题，是个自相矛盾的概念。

在精神分析的视角下，除非你的内在有恒常稳定的客体，否则你无法抵达孤独，或者说安于孤独。但孤独本指独自一人，若是有了这样一个内在客体的存在，孤独又何以成为孤独？

这段话读起来有点儿拗口，也似乎有些哲学的味道，但这并不是一本哲学书，而是一本心理学读物。所以，下面我来试着解释一下上面这段话：人之所以能够忍受孤独，主要得益于在童年时获得了父母的积极照料，拥有如此体验的人最终会将这些照料内化为对自我的关爱与陪伴。

比如生活中你会看到一些照顾洋娃娃的孩子，他们会给洋娃娃穿衣喂饭，"哎呀，你冷了，那我给你盖被子""哎呀，你生病了，那我带你看病打针"……这样的行为呈现，就代表这个孩子的内在已经有了一个照顾自己的客体出现，她正在将她妈妈和她的关系呈现在她和洋娃娃的关系上：在我照顾洋娃娃的那一刻，我是一个好妈妈，而洋娃娃是那个曾经被妈妈照顾的自己。

你可以观察一下，一般来说，妈妈如何对待自己，孩子便会如何对待洋娃娃。再往后发展，孩子对待洋娃娃的方式，也会成为孩子对待自己的方式。若是孩子长大成人有了自己的孩子，那么这个方式也会成为她对待孩子的方式。如此传承下去，若是未经觉察和改变，这些无形的方式会像传家宝一样一代代传承下去。

很多时候，我们无法抵达恰如其分的孤独，是因为我们一直想寻找一个好的客体来弥补曾经的缺失。我们纠结于过去，紧攥着曾经经历的一些创伤或痛苦不肯放手。

精神分析学家弗洛伊德曾说："未被表达的情绪永远不会消失，它们只是被活埋了，有朝一日会以更丑陋的方式爆发出来。"这里的"未被表达的情绪"，背后藏着"无法接纳的过去"。

我们缺乏对过去的表达，缺乏被看见，被理解，被接纳。所以我们拒绝拥有过去，但同时也很难拥有未来，于是我们时常感到孤独，又时常想回避孤独，无法享受孤独，无法抵达孤独。

这也正是我研究关系心理学、从业心理咨询师的初衷：当我们能够在一段关系中，被一个鲜活的客体接纳与镜映，我们便能拥有前行的勇气与力量。我的另一本书《走出原生家庭》的封面上写着一句我很喜欢的话："原生家庭带给你的是创伤还是礼物，取决于你的选择。"当有一天我们不再选择与过去纠缠，我们就获得了自由，就拥有了未来，就学会了善待自己，就获得了开篇所说的那个恒常稳定的客体。

这本书里有很多关于我自己的故事，也有很多我陪伴他人重新拥抱过去的故事。或许你也能从中看到自己的影子。

像所有传家宝一样，如果我们都能在自我探索的路上觉察与调整，并获得积极照料自己或他人的能力，那将是整个家庭的幸事，甚至是人类的幸事。

此书部分内容来自我直播课的分享，言之甚少，远不足以成为系统的知识类读物，更无法承诺读后有疗愈效果；但若能偶尔引你拊髀深省，那将是我的幸事。

愿你此生能拥有恒常稳定的他人，也愿你能成为别人心中恒常稳定的他人，终究有能力抵达恰如其分的孤独。

最后，感谢光尘及出版社的编辑老师们为此书做出的巨大贡献！

目　录

第一章

如何看待自己

第一节

你对自己的定义，决定了你的关系

我是谁

我曾在微博上收到过一个网友的留言。她和我说，她觉得自己非常差劲，在和朋友聊天、相处的时候，总会刻意表现得很幽默，特别担心别人觉得自己无趣、木讷，小心翼翼地维护每一段关系，唯恐其破裂，这也使得她常常在关系中感觉精疲力竭。

其实很多人都会有这样的困扰，我们时而自我怀疑，时而自我否定，甚至有时候会认为自己一事无成，自卑乃至自暴自弃。我们无法欣赏自己，却看到别人满身光环。也是因为这样，很多朋友都会来找我寻求帮助。作为一名心理工作者，我问他们的第一句话经常是："你觉得自己是一个什么样的人？"

通常这个问题，会出现三种答案。

第一种，对自己有清楚的认知，但对自己并不满意，所以感觉很痛苦。比如在微博上给我留言的网友，她认为自己是一个无趣的人，"幽默"则是被人喜欢的标准，所以她对自己不满意，又在勉强自己幽默，在讨他人开心的过程中倍感压抑。

第二种，对自己的认知不准确，且在一个错误的自我定位上越走越远，因此感觉非常迷茫。我年轻的时候，非常喜欢交朋友。每次大家一起出去吃饭时，我总是抢着结账。后来有一段时间，我的经济状况不是很好，朋友再约我吃饭时，我就会以各种理由拒绝。有一次，我们聊天时无意中说到这个事情，朋友说笑道："那时候你没有把我们当朋友，认为我们只是蹭你吃喝的人吧。"我瞬间就意识到，那时候我总是把自己定义成愿意慷慨付出的大哥，而将他们定义成需要我保护照顾的弟弟。

第三种，在不同的人际关系中，对自己的认知与定位都不同，因此感觉很困惑。想象一下，我们身边有没有那种在家人面前扮演一个索取者的角色，而在职场或与朋友的社交中充当一个付出者，百般讨好，生怕行差踏错。

| 自我探索练习 |

在关系中，你是付出者还是索取者？试试以下这个测试。

请将身体调整到最舒服的姿势，然后把眼睛闭起来，首先想象你身边有一个人，他可以是你的朋友、伴侣、家人、同事等任何一个人。当这个人出现时，你可以跟他打个招呼，然后邀请他和你背靠背站立。站好后，将你们的两侧手臂与对方交叉。接下来，你向前弯腰，用臂力和背力背起对方，背时注意站稳脚跟，被背的人要双脚离地。体会一下此刻你的感觉，记住这种感觉，随后回到站立状态。邀请对方做同样的动作，体会一下此刻的感觉，记住这种感觉。

接下来，请根据我的描述来判断：

在你背起他人时，如果你的感觉是积极肯定的，比如感觉自己是有能力的、有价值的，那么在这段关系中，你是有为对方提供价值的；如果背起他人时，你感觉有些累但还能承受，那么这段关系的存在，有可能让你感觉到一些压力；当这种累再重一些，甚至让你有点儿喘不过气，但你还在硬撑，并且时不时会有些抱怨，那么在这段关系中，你可能是一个忽略自己的付出者。

在你被他人背起时，如果你的感觉是好的，比如能够很放心自如地让自己躺在对方身上，那么在你们的关系中，你对对方是信任的；如果被背起时你很不自在，比如担心自己会不会太重，会不会压到对方，等等，那么在这段关系中，你可能是不那么善于接受对方付出的人；如果背起之后，对方虽然表示能承受，但你还是担心自己会给对方添麻烦，那么在这段关系中，你可能是经常自我否定的人，甚至有时候会产生不配得感；如果背起之后，对方明显表现出力气不够，无法承受，可你还是想要对方稳稳地把你背起来，比如提醒对方"站好，站好"，那么在这段关系中，你可能是一个忽略对方的索取者。

电视剧《武林外传》中，有一集吕秀才问姬无命："你是谁？姬无命吗？这只是一个名字，一个代号。你可以叫姬无命，我也可以叫姬无命，他们都可以。把这个代号拿掉之后呢？你又是谁？"可见，就是这样一个简简单单的"我是谁"的问题，就会让绝大多数人思考良久。

事实上，我们对自我的认知，源于我们在生活中对自己角色的定义。我从"获得"与"付出"两个角度勾勒出了人际关系四象限图。

通过观察图1-1，我们可以迅速找到自己在关系中扮演的角色。角色无分好坏，无关对错，它只是认知自我的一种工具，而不是为了评判自己或者他人。事实上，在不同的关系中，我们的角色也可以不同。比如在家庭关系中我们可能是依赖者，而在职场中我们则是照顾者。

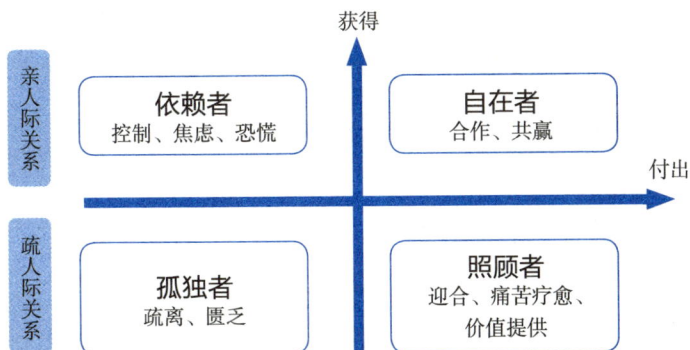

图 1-1　人际关系四象限图

依赖者的特点是控制、焦虑、恐慌。他们如菟丝花一样，总是需要攀附别人才能生长。他们为了缓解自己的焦虑与恐慌，经常用强调自己付出的方式来试图控制对方，在这个过程中给对方带来无尽的压力。就像有的父母隔三岔五就和孩子说："为了你的学习，我付出了很多的精力、时间和金钱，所以你一定要出人头地，一定要孝顺。"

孤独者的特点是疏离、匮乏。他们似乎只活在自己的世界里，对其他事物都不感兴趣。他们偶尔也会渴望社交，但当发现自己无法应对外部的压力和变动时，他们就会缩回自己的世界，以封闭的姿态保护自己，很多"社恐"患者都是这样。

照顾者的特点是迎合，他们是价值提供者和痛苦疗愈者。他们一方面无原则地付出，照顾他人的方方面面；一方面像个开心果一样，想要拯救他人的不开心，对他人的情绪负责。

最后一种就是自在者，自在者的特点是合作、共赢。这是一种最理想的，也是彼此之间感觉最舒适的关系状态，自在者的付出和获得成正比，在关系中感觉美好而自在。

核心价值感与自我定义

咨询室里，很多来访者是带着对关系的困惑找到我的，他们说自己无法做到在关系中坦然地做自己，非常在意他人的评价，希望他人对自己表示肯定，会因为他人的负面评价而情绪低落。事实上，这是因为我们内在的核心价值感出了问题。

什么是核心价值感？核心价值感可以理解为你赋予你的生命以何种意义——你如何看待自己的生命、如何定义自己的人生、你认为自己是谁。

一个人的核心价值感主要包含四点：存在感、价值感、归属感和掌控感。

存在感

所谓存在感，就是被重要的人重视的感觉。比如公司的老板特别器重我，每天我来到公司，老板都主动跟我打招呼，所有的同事都喜欢我。那么，我在这个公司就能体验到非常强烈的存在感。

在亲密关系中，存在感尤其重要。有些妈妈总是喜欢做一个利他的、牺牲自己满足孩子一切要求的好妈妈，不需要孩子帮她做任何事情，即使是一些孩子力所能及的事情，妈妈都不允许孩子做。长此以往，孩子的自理能力不仅得不到锻炼，还会认为自己对妈妈、对家庭来说是不重要的，他感觉不到自己的存在。

相反，还有一种妈妈，孩子过来帮她捶背，她会很高兴地接受。接受的同时还会给予孩子一句鼓励："妈妈好开心，宝宝竟然会帮妈妈捶背，这种体验太美好了！"这是妈妈对孩子的成全，妈妈看到了孩子的付出与成长，孩子也因此感受到存在感。

价值感

每个人都需要价值感，简单地说，价值感是人们感受到自己被需要、被重视。我的朋友老刘，在退休后过上了无拘无束的生活。这本来是老刘一直期盼的，但他忽然发现这种感觉并不是他想要的。没有了以前上班时的忙忙碌碌，也不用再辛苦工作，他却倍感空虚起来。不仅晚上失眠，而且他的情绪也变得很糟糕，脾气暴躁，动不动就发火，每天愁眉苦脸，人也憔悴了很多。其实他心里知道，这都是退休惹的"祸"。虽然不用繁忙劳碌了，但也感觉不到自己的价值了。直到他开始早晚接送小孙子上下学，精心给小孙子准备早晚餐，才又容光焕发，好像回到了年轻的时候。

很多时候，不仅他人对我们的肯定和褒奖能让我们产生价值感，我们对自己的积极认同也可以让我们获得价值感。当我们感觉自己不再需要他人给我们带来价值体验时，我们就摆脱了一个巨大的外界评价系统带给我们的压力，可以更加清楚地分辨他人对我们的评价和我们对自己的评价是否相同、区别在哪，从而形成更透彻的自我认知。

归属感

归属感是指个人被他人或团体接纳时的感觉。每个人都害怕孤独与寂寞，希望自己能融入某一个群体，并从这个群体中获得爱与帮助。美国著名心理学家亚伯拉罕·马斯洛在 1943 年提出的需求层次理论中的第三种需求就是"爱与归属的需求"，结交好友、追求爱情都属于"爱与归属的需求"。我们只有一步步满足底层需要，才有可能达到自我实现。缺乏归属感，则有可能增加患抑郁症的概率。心理上获得安全感和归属感，代表着他人和群体对自己的认可与接纳，可以让我们减少甚至消除孤独的感觉，享受他人给予的温暖。

掌控感

掌控感对我们来说也至关重要。掌控感是指我们对生活、工作、未来发展等掌控的能力。许多研究表明，更强的掌控感可以在一定程度上缓解压力，愉悦身心，增强自我认同。很多时候，一些看似轻而易举的事情却可以帮助我们提高掌控感，比如养宠物、料理美食、整理房间、制作旅行攻略等。

当我们能够觉察和理清自己这四种核心价值感后，我们对"我是谁"这个问题的理解也将更加深刻。

与自己和解

现在很多人都在讲"和解"这个词——和原生家庭和解、和父母和解……然而，想要做到真正的与自己和解，其实并没有那么简单。与自己和解，不是最终的目的，而是我们发展自我的一环，它通常是从了解和理解自己开始的。我有一个案例想和你分享。

有一个女儿因为没能好好照顾患了癌症的母亲，没能在母亲临终时见到最后一面，一直感到自责和愧疚。两年的时间里，她一直处于抑郁和悲伤的情绪中不能自拔，她认为母亲的去世，与自己没能将母亲接到身边来照顾是有关系的，她总是和我说："妈妈的去世都是因为我没能好好照顾她。"这种心理被称为幸存者内疚。

幸存者内疚是说一个人认为从创伤事件中幸存下来的自己是有过错的。他们会因为自己幸存而感到困惑和内疚，甚至宁愿自己也遭遇不幸。

我和她解释说："你母亲去世并不是因为你，而是因为疾病，是疾病夺走了她的生命，你再如何细心照料都无法挽留她。我理解你的内疚感，母亲的离世让你感觉悲伤和痛苦，这种分离让你把所有责任都归咎于自己，可是如果妈妈的在天之灵能看到你，她会希望你如何生活呢？"

她哭着说："我没有妈妈了，我没有妈妈了。"

沉默许久，她又接着说："但如果妈妈在天上能看到我，她会希望我能好好活下去，享受自己的人生。"

从这个案例中，我们可以看出这个女孩自我发展的整个过程。首先，她了解了事情的真相，即妈妈去世是因为疾病，而不是因为自己照顾不周。然后，她理解了自己的感受，那是一种失去的感觉，亲人的离世让她感觉悲痛难过。通过我们的交谈，她逐渐接受这个事实，并与自己和解。和解之后，她内心生出了新的信念："我要好好地活下去，也就是自我成全与自我成就。"

这整个过程可以通过图 1-2 来解释，了解自己—理解自己—与自己和解—自我成全，自我成就——这是一个循序渐进的过程，只有完成了上一步，下一步才可能发生。这也是很多人明明懂了许多"和解"的道理，却还是做不到"和解"的原因。

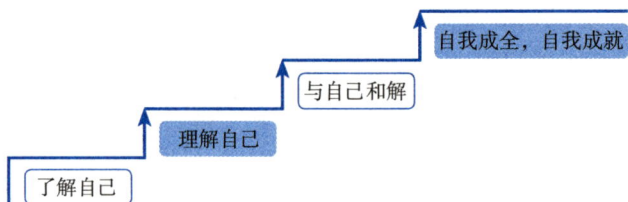

图 1-2　自我和解的过程

　　　　　　　　　　　　　　　恰如其分的孤独

第二节

在关系中，你属于哪种模式

什么是"自我模式"

我们可以先来想象这样一个场景：

你有一个好朋友，有一天他忽然向你介绍一款产品，并极力建议你购买，这时候你的反应会是怎样的？

如果你还没有思考好，那么我们可以一起先看看以下几种人的反应：

小A：向朋友提出了一些关于这款产品的问题，想详细了解一下。

小B：有些犹豫不决，拿不定主意，所以拒绝回应，假装没看到。

小 C：直接拒绝了朋友的推荐，并拉黑了他，认为以后要和这个朋友保持距离，担心自己吃亏。

小 D：拒绝了朋友的推荐，但拒绝后提醒朋友这款产品的投资回报率是不合理的，要多加注意。

小 E：虽然他也拒绝了朋友，但心中总是觉得过意不去，反复想着，"他那么困难，做点儿生意也不容易，还有孩子要养，我拒绝他是不是错了？"

小 F：碍于面子，接受了朋友的推荐，购买了产品，即使这款产品小 F 并不需要。

小 G：评估了以后认为自己不需要这个产品，把这款产品介绍给了他认为需要的人。

不知道从上述的几种反应中，你是否能够找到自己的影子，可能你也会有不同的答案。我们发现，不同的人面对同一件事情时会有截然不同的态度，这种面对关系的态度被称为"自我模式"。

自我模式其实是一种生存策略，它和我们所说的自我定义是双向影响并塑造的。也就是说，自我模式会影响自我定义；反过来，自我定义也同样会影响自我模式，它们是作用与反作用的结果。

自我模式这种生存策略并不是与生俱来的，而是根据童年早期其他家庭成员，比如父母、兄弟姐妹等对待我们的方式，以及我们对这些方式做出的反馈而形成的。我们身处这种由养育者塑造的环境中，日复一日地塑造自我形象和自我模式。自我模式没有好坏之分，它是在我们拥有了清晰的自我定义之后，帮助我们应对环境的一种策略，一旦形成，就会延续下去，成为我们日常生活中待人接物的常用模式。

总的来说，自我模式是我们基于与养育客体的互动所形成的一套生存策略。

"自我模式"的分类及各自特点

根据对方地位的重要程度和自己地位的重要程度，我们可以将"自我模式"分为四类（如图 1-3），分别为控制模式、成全模式、疏离模式和顺从模式。

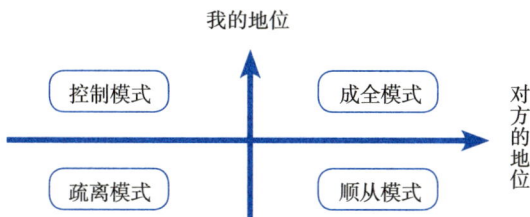

图 1-3　自我模式四象限图

控制模式中，人与人之间总是存在竞争的关系。处在控制模式中的人，总是会产生要赢过他人的欲望，即使是微不足道的小事也要比他人强。在公众面前，更是要确保自己闪闪发光，让所有人的目光都集中在自己身上。他们还有可能物化他人，在内心中把别人都当作实现自己目的的工具，无用的人被其视如无物，有用的人则被其拣选为他们人生大厦的一砖一瓦。控制模式虽然能让我们实现利益的最大化，但在极度利己的同时却放弃了个人的自我成长。

成全模式与控制模式不同，在成全模式下，我们和任何人相处时都会感觉友善而平和。别人夸我们的时候，我们会说谢谢；别人送我们礼物的时候，我们会开心地接受，并在未来某一时刻也回馈对方。我们愿意付出爱，也乐于接受爱。当与他人合作时，我们可以看到对方的价值，也能够发现我们自己的价值。我们不会理想化对方，把对方想象得完美无缺，也不会故意贬低对方；同样，我们也不会故意夸大或矮化自己。成全模式又被称为双赢模式，无论是从情绪价值出发，还是从利益价值出发，彼此都有付出，双方也都能获得回报，实现双赢。

绝大部分回避社交的人的自我模式都是疏离模式，类似于"井水不犯河水"的感觉。处于疏离模式的人认为关系应该模板化，比如对待领导是一套模板，对待同事是一套模板，所有人都是泛泛之交，即使双方存在关系，也非深厚的关系，不会存在情感纠葛。处于游离模式的人对关系充满着不信任感，不相信任何人，甚至也不相信自己，对待关系更多的是一种"我不麻烦别人，别人也不要麻烦我"的态度。疏离模式也叫作回避模式，这样的模式虽然避免了我们在关系中受到伤害，但也享受不到关系给予我们的滋养。

在顺从模式中，我们更重视他人的需求胜过自己的需求，这就意味着我们总是优先顾及他人的感受。他们可能是对我们有利的人，也有可能是与我们对立的人，但无论是哪种人，当我们要去服从或顺从他们时，在我们心中对方已经与我们对立了。在这种模式下，我们为了避免冲突，会选择充当"老好人"的角色，这个角色本来会给我们带来一定的补偿，但由于在关系中我们会因自己付出较多而深感不平衡，反而有可能会站在道德制高点上，对他人产生抱怨。

我们已经了解了四种自我模式的特点，那自我模式和自我定义又是如何相互影响并塑造的呢？

如果将自己定义为依赖者，那我们会更多地使用控制模式。这种模式不能带来双赢，也无须花费太多精力和时间考虑对方的感受，只会习惯性地从对方处攫取利益，物化对方，发展自己。这样虽然能使我们的利益最大化，但我们要放弃人格的独立与完整，去依赖另外一个人，这不仅会让我们对关系的变化很敏感，也会使对方感到压力和不适。

还记得《小王子》中小王子养的那一株玫瑰吗？小王子每天都会给玫瑰浇水，还给玫瑰套上了防虫的玻璃罩，但玫瑰的各种要求和做法，令小王子越来越痛苦，最终离开了B612星球。玫瑰一直认为，每件事都符合她的意愿才是真正的爱，这种以爱之名的情感勒索会令对方窒息。

如果将自己定义为自在者，那我们可能更多地使用成全模式。这种模式会为我们与对方带来双赢，但可能需要我们做出一些让步或妥协，这里的让步或妥协不存在委屈和埋怨，而是我们看清了利弊后主动做出的选择。这样的关系使我们感觉舒适和自在。

　　在亲密关系中，我们就需要这种成全模式。一味地控制或是一味地顺从都不可取。美国心理学家盖瑞·查普曼在他的著作《爱的五种语言》中曾提到：爱需要五方面的内容，分别是肯定的言词、精心的时刻、接受礼物、服务的行动和身体的接触。总结起来就是，爱是一种成全，对自己和他人的成全。

　　如果将自己定义为孤独者，那我们可能会更多地使用疏离模式。这让我们感到安全，不用在关系中承担责任，也避免在关系中受到伤害，但无法使我们获得关系带来的滋养。虽然我们一直将自己定义为孤独者，但是不是有那么几个瞬间，我们也希望有个人能陪在身边，对亲密关系也会有渴望呢？

　　之前有个网友和我聊天，说他每天工作都很辛苦，有时候下了班部门还要聚餐。本来上一天班就很累了，自己和其他同事之间的关系也只是点头之交，下班后就希望快点儿回家歇一歇。但所有同事都去，迫于压力，自己也不得不去。聚餐中的社交让他感觉疲惫不堪，回到家真的一点儿力气都没了。他还是希望自己有更多独处的时间，可以偶尔参加一些社交活动。我们可以看出，他就是典型的疏离模式。

　　如果将自己定义为照顾者，那我们可能会更多地使用顺从模式。这种模式不像成全模式一样能为双方带来双赢，但能让我们更加深刻地感受到自己的价值。"老好人"的角色让人们容易占据道德制高点。比如明明已经无力抚养，却还无限制地收养流浪猫狗的老人、跪求"中国首善"陈光标捐钱帮助别人的人……似乎都是在不合理地牺牲自己，满足他人。这种病态的利他行为只是用一种极端的方式来获得自我价值体验和虚无的满足感，并不是真正值得我们学习的大爱和善良。

现在我们试着分析一下前文例子中的每个人属于什么样的自我模式，我们也可以审视一下自己的反应，判断自己的自我模式是哪种。

小 A 向对方了解了更多的产品资料，说明他很在意他的朋友，愿意与他人合作和成全他人；小 D 虽然婉拒了产品，但会提醒朋友注意投资回报率不正常，担心朋友上当、违法；小 G 评估后发现自己不需要，转而把产品介绍给了他认为需要的人，可以看出他们三个都属于成全模式。

小 B 假装没看到消息和小 C 拉黑对方是让自己在关系中减少压力或者避免受到伤害，这种做法属于疏离模式。

小 E 虽然拒绝了对方，但又于心不忍；小 F 碍于面子与关系，买了自己不需要的产品。他们都属于顺从模式。

自我模式虽然不分好坏，但可以决定我们关系的质量、远近、在关系上需要花费的精力，以及从关系中获得的物质或精神上的好处等。

"自我模式"的转化与并存

有些人会感到迷惑：我在工作中是一个成全模式的人，在生活中却是一个疏离模式的人，而在亲密关系中又变成了一个顺从模式的人，这是为什么呢？其实，这和自我定义同理，不同的自我模式在一个人身上可能会同时存在，也可能会相互转化。比如：一个在职场中乖巧听话的女孩，在情侣关系中却喜欢一味地控制男朋友；或者一个疏离模式的人，当他感到对方对自己非常重要时也会选择顺从。

一般来说，每个人都有一个主模式，当我们带着这个模式去跟他人建立关系或深入发展一段关系时，我们内心就会产生各种各样的冲突，随之而来的就是各式各样的结果。那么这些结果指向什么呢？其实就是我们对于这段关系的结论或定义。比如：一段关系对我们来说是有用的、滋养的，那么我们就愿意让这段关系一直持续下去，甚至可能会因为这段关系来调整自我模式；也有可能一些关系让我们感觉消耗或糟糕，就像一个主模式是控制模式的人，强迫他顺从，对他来说是种煎熬，他有可能会选择结束这段关系。

"自我模式"如何影响人际关系

我们使用不同的自我模式，就会相应地建立起不同的关系，从而在关系中获得不同的体验——可能是积极的体验，也可能是消极的体验。自我模式就如同肌肉记忆一样，不需要思考就会发生，是一种纯粹的内在模式的反应，它无时无刻不影响着我们，甚至会变成刻板印象。

一个女孩子如果始终带着"男人没一个好东西"的偏见，那是不是所有男人在她的心中都不配有姓名？无论这个男人是高是矮、是胖是瘦、性格是好是坏，他都只是一个"不是好东西"的男人。如果她带着这种模式进入关系，无论对方如何展现自己的善意和优点，都会被她解读为不怀好意。

所以，如果我们无法正确认识自己的自我模式，就会无数次获得同样的结果。就像很多人纳闷为什么自己总是遇到骗子、为什么自己的感情总是坎坷波折，其实就是因为每个人的自我模式决定了人际关系呈现出来的状态，以及这段关系的最终结果。

因此，有清晰的自我定义、了解自我模式，这对我们来说至关重要，它能够使我们拥有更适合自己的人际交往方式，进而在人际关系中获得我们看重的东西。

第三节
了解真实的内在自我

你真的了解自己吗

　　曾经在网上看到蒋勋老师讲诗的视频，诗名叫《玉台体》。里面讲一个女子的故事，她的丈夫经常不在家，所以她从来不梳妆打扮。有一天，她家里出现了一只喜蛛，她知道是丈夫要回来了，于是开始认真梳妆打扮，等待丈夫回家。诗中有一句"铅华不可弃，莫是藁砧归"，"铅华"是抹在脸上的粉，"藁砧"，则代指丈夫。此句便是女子为了迎接丈夫归来而盛装打扮的意思。

　　这让我联想到"女为悦己者容"这句话，它背后代表的就是对他人评价的在意，要让别人喜欢自己，就需要精心妆扮。我还看过一种相反的说法——"女为己悦者容"，意思是说，我在意是因为我喜欢，别人爱怎么想就怎么想。从"悦己"到"己悦"，两个字颠倒了顺序，代表的是两种完全不同的心理状态。

你有觉察过自己的心理状态吗？你有了解过自己做某件事背后的动机或动力吗？如果你的答案是有，那么恭喜你，你对自己是好奇的。一个对自己好奇的人，人生是不会无聊的。如果你的答案是没有，也没有关系，因为你能打开这本书，看到这句话，就代表在你身上"对自己好奇"这件事情已经在发生了，可能你还没有意识到。我很喜欢曾奇峰老师对精神分析的一个解释，他说："精神分析是把一个人重新介绍给自己的过程。"所以这一篇，我们从"如何了解自己"开始。

你了解自己吗？这个问题可以分成三个方面。

了解自己的身体

你了解自己的身体吗？有人说，当然了解，我每年都体检。也有人说，肯定了解，我对自己可好了，只要身体不舒服，哪怕打了个喷嚏，都会马上去看医生。但事实上，这些照顾身体的行为，并不等同于对自己身体的了解。精神病学的诊断中有一个精神病性症状叫作"疑病妄想"，患者会怀疑自己患了某种疾病，四处求医做检查，即使医学验证其没有疾病，患者也会认为是检查出错，而不是自己没病。不难发现，这种怀疑自己生病而反复检查的状态，应该不算是爱护自己的身体；还有一些人稍微有点儿不舒服就去看医生，哪怕医生每次都说"没有大碍，不用过度担心，注意休息"，但他们依然不放心，不去就很不舒服，这种对身体的爱护，更像是一种"假性爱护"，他们忽略自身的免疫系统，忽略医生给的建议，对就医有近乎执着的"依赖"。

什么叫依赖？很多老年人有吃保健品的习惯，但一些虚假宣传的保健品对身体不仅没有好处，有的甚至有害。近几年，保健品诈骗屡见不鲜，老年人被哄得团团转，口袋里的钱流水一般花出去，但毫无成效。即使是这样，很多老年人还是喜欢购买，还是喜欢吃。

可能有人会说，这是因为这些老人太孤独了，在他们生命的最后阶段，只要有人能够陪伴他们，他们就会充分信任对方。但这只是其中一个原因，另一个更主要的原因是，购买保健品源于他们对外界、对他人有一种依赖感。就像我们小时候去医院一样，可能更多的不是依赖药品或医生，而是喜欢被医生照顾的感觉；等到我们成年，对自己的身体有一定了解，感冒时我们可能会吃感冒药，多喝水，观察两天，如果不见好再去就医。对大多数成年人来说，被医生照顾这件事，是发生在自我照顾之后的。

而这些老年人又是什么情况呢？这些老年人年轻的时候，很少照顾过自己或被别人照顾过，而更多是去照顾别人。所以，越是这样的老年人，就越渴望被别人照顾。看病的医生就扮演了这样一个照顾者的角色，吃药就是被照顾的需要。过度频繁地看医生，是将自己爱护身体的责任交给了医生，希望医生为自己的健康负责。虽然经常做检查，注重养生，但这绝对不是了解和爱护自己身体的表现。

那么，我们应该如何了解自己的身体呢？试着问问自己：

我是否知道自己的身体喜欢什么味道，什么食物？当舌尖触碰到酸甜苦辣咸等味道时，我的身体是什么感觉？哪种味道能让身体拥有美好的感受，哪种味道会让身体感到不适？哪种食物能缓解思乡之情，哪种食物能减轻我当前的焦虑？吃多少食物肚子会感觉撑？每天睡多少小时可以让我精神饱满？感冒前期身体会有哪些症状？怎么做会好受一些？家中会储备哪些常用药？生病时身体处在怎样的姿势感觉最舒适？……这些关于自己身体的知识，都是需要我们日常去觉察和收集的。

此外，了解自己的身体还包括对身体进行有意识的训练。

掌握自己身体发展的规律，会让我们更有掌控感。我很喜欢健身，经常练器械，有一段时间，我的一位同事也想健身，所以我每天都带着他去健身房锻炼，可是过了一段时间，他不但没有减脂减重，反而变得很疲惫，长期没有效果让他变得非常自责。后来，他放弃器械，改去游泳，结果不到一周效果就非常明显。这让我发现，原来器械对我是轻松而有效的方式，而游泳这种有氧运动则是更适合他的方式。找到自己身体更适合的运动方式，能够让减脂这件事不再痛苦，而且事半功倍。所以，你了解你的身体更喜欢哪种运动吗？

或许有人会问，为什么要锻炼身体，为什么要运动？我的健身教练也曾经问过我这句话，我当时的回答是"我希望在我老年的时候能少一点儿身体上的病痛"。而随着健身习惯的培养，我越来越觉得，运动其实就是在培养自己照顾身体的能力。

你在多大程度上照顾自己的身体，你就有多大能力改变自己的身体。

我很敬佩钟南山教授，他已经80多岁了，依然能够在抗疫一线贡献自己的巨大力量。他热爱运动，每天都打篮球、跑步、做单双杠……从他每天的日常中，我们能感受到他整个人积极的生命状态。

依赖就医、依赖药物、依赖他人等依赖行为，会让我们变得被动。比如我想减脂，可以选择运动，也可以选择吃减肥药。为什么很多减肥药没有效果，也可以卖得很好？就是因为我们都渴望被他人照顾，所以放弃了主动健康的方式，而选择被动依赖的方式。过度地依赖会让我们失去爱护自己的能力。

了解自己的情绪

任何人在成长过程中，多多少少都会遇到扳机点，我们称之为"Trigger"，心理学说它是激发原始创伤的点。比如孩子从小就被父母说丑，那么"丑"就成了孩子的扳机点。但凡有人说他丑，他就很不开心，甚至愤怒。正如白雪公主的继母经常问魔镜："谁是世界上最漂亮的人？"如果魔镜回答"你是世界上最漂亮的人"，她就很开心。如果魔镜回答"白雪公主是世界上最漂亮的人"，她马上就崩溃。

所以，了解自己的情绪，就要去分辨和觉察自己的"主要矛盾"。也就是说，我们要知道哪些事情是自己极为在意的、不容半点妥协退让的。当其他人有所越界时，就要立刻向对方表示拒绝，告诉对方自己很在意这件事情；同时要知道哪些事情是能够商量的，多付出一些或多退一步都是可以的。另外，还要知道哪些事情自己做起来更得心应手，更有效率，更有成就感，等等。对自己的情绪多一些敏感，了解在不同情绪下，为自己做些什么会感觉更自在。比如当你感觉愤怒时，有哪些方式能够快速地平复情绪？是深呼吸还是给自己一个独立的空间静一静？或者是让自己坐下来，把愤怒的感觉写下来？

| 自我探索练习 |

管理情绪的第一步是觉察情绪，当你能够觉察情绪的存在时，才有可能更好地应对它，每个人觉察情绪的方式不尽相同，在这里，我提供一种通过身体感觉来觉察的方式，你可以根据我的描述试试看。

请找一个让自己相对舒服的姿势，然后观察自己的呼吸。想象你吸进鼻腔的空气可以到达你身体的各个地方。

首先到达的是你的头顶，感觉一下你的头皮、头骨、后脑勺，还有整个面部、耳朵、下巴、脖颈……当气流经过时，它们都是什么感觉？

再次感受你的呼吸，这次到达了你的肩膀、大臂、胳膊肘、小臂、手腕、手掌、手指、指尖……同样去感受当气流经过时，它们是否有变化？

继续保持深呼吸，这次到达了你的喉咙、锁骨、胸部、腰部、腹部、背部、臀部、生殖系统……当气流流向它们时，它们是什么感觉？

再次感受呼吸，这次到达了你的大腿、膝盖、小腿、脚腕、脚背、脚跟、脚掌、脚心、脚趾、脚趾尖……它们是什么感觉？

身体是我们觉察情绪的很好的通道，当我们感觉身体有不适时，可能是身体在告诉我们一些关于我们自己的秘密。比如背部的问题通常与压力有关，后背代表我们的支持系统，他人的不理解、情感支持的缺乏、个人的过度承担等，可能会让我们感觉到背部不适；肠胃通

恰如其分的孤独

常与情绪处理有关，胃消化食物并将其转化成人体所需的能量，同样地，胃也帮助我们消化新的思想和新的体验，胃出现问题通常意味着我们不知道如何吸收新的体验，这里可能包含恐惧、害怕、自卑等情绪；皮肤通常代表我们的个性、边界，出现皮肤问题有可能是我们的边界受到了威胁，领地受到了侵犯……

有一本书叫《生命的重建》，作者露易丝·海在里面列举了大量关于倾听身体的内容，如果你对此感兴趣，可以找来看看。

了解这些以后，我们对自己的认识会更加清晰，也会更懂得如何照顾自己的情绪以及如何与他人相处。

了解自己希望过怎样的生活

首先，我们要了解自己的生存环境。生存空间对我们很重要。有的人会因为一束玫瑰花而改变整个房子的布局。这个整理对于他来说，或许就代表爱护自己。还有些人会把自己的房间弄得很乱，不是他没有能力收拾，而是他内心可能在对抗某个东西，也可能是他觉得自己只适合生活在那样的地方。相由心生，说的也是这个道理。

如果有机会到印度去，你会感到一种非常强烈的差异。印度有些地方环境很脏很乱，因对气味比较敏感，所以我去了两天就走了，而且再也不想去了。当然，我去的地方是印度的贫民区。实际上，印度的富人区和贫民区的环境差别是非常大的，甚至可以说天差地别，但是这两类人却可以心安理得地待在各自的环境里。他们当中很多人会觉得，自己只能待在那样的地方。

一个让自己感觉舒适滋养的生存空间，会让我们的身心愉悦，它会成为我们生活中微小而确定的幸福。

除了了解生存空间，我们还要了解自己对生活、对生命的追求。心理学家欧文·亚隆的一本书中写到一对夫妻去做咨询，心理医生知道丈夫是一个特别喜欢拈花惹草的人，于是问他："如果有一天你死了，你希望自己的墓志铭是什么？"丈夫没有回答，心理医生接着说："刻上'这是一个特别喜欢拈花惹草的男人'这句话怎么样？"当时，丈夫就潸然泪下，说自己不要做那样的人。

很多时候，当我们给自己的生命、人生附上一个自己能接受的意义时，我们的生活态度就会大不一样。否则，我们也许会每天浑浑噩噩，过一天是一天，不知道未来走向哪里。

当我们了解自己之后，就会有更多的选择。可以选择爱护自己的身体，可以选择照顾自己的情绪，也可以选择创造自己喜欢的生存空间，还可以选择自己生命的意义。

了解自己是一生的课题

关系就像一面镜子，我们可以在与他人交流、互动的过程中，看到自己真实的样子。但是，我们要学会分辨对方是平面镜还是哈哈镜。也就是说，他人对我们的评价不一定准确，我们也不需要被他人的评价左右，更不需要让他人给我们贴标签，因为这些评价带着他们自身的主观感受和目的。一个心怀嫉妒的人对我们的评价可能会很糟糕，而一个心怀友好的人可能会认为我们完美无缺。别人说我们简单粗暴，我们就给自己贴上"野蛮"的标签；别人说我们说话少，我们就给自己贴上"内向"的标签，这是非常不可取的。

古人说"吾日三省吾身"，意思是我们要经常反思。所谓反思，就是讲自己的故事。当我们能够讲好自己的故事，就会越来越了解自己，了解自己想要成为什么样的人。我们常常会给自己的故事做注解和评判，把自己困在自己设定的剧情里走不出来。也就是说，有时候我们的反思是给自己下定义、评判自己。

心理学有一个专业名词叫合理化，所谓合理化就是我们根据自己的认知和对事物的看法，重新定义事情的前因后果，找到更多理由让事情听上去更加合理。这说明很多时候我们没有将自己置身于关系之中去看待事物，了解到的也仅仅是我们想象中或合理化以后的自己，有点儿像是吃不到葡萄就说葡萄酸。因此，我们要避免在反思的时候，深陷于自己的想象之中，从而模糊对自己的认知。

清楚地认知自己，是我们与自己和解的开始。很多人经常把自己成年后的行为、思想，归因于原生家庭和幼年的创伤性体验。比如一个孩子在成长过程中经常受到指责和打骂，如果这种体验未经处理，那么在成年后他可能会对一些非肯定性的评价特别敏感。他会不断地猜测对方话语下的意图，而且大概率会认为对方在暗暗批评自己，并且武断地判定对方是伤害自己的敌人。或者，一个孩子在童年时期得不到父母的关注，这种创伤体验如果未经处理，那么成年后他可能患得患失，这也会影响他与别人建立亲密关系。

追溯现在的困境与自己的哪些成长经历有关无可厚非，但更重要的是，我们看到它是为了处理它，而不是抱怨过去，抱怨他人。抱怨会让我们沉溺在过去的困境中止步不前，并不会让我们拥有现在和未来。人生还有大把的时间，我们完全可以去做一个新的选择。

村上春树曾在《当我谈跑步时，我谈些什么》中说道："Pain is inevitable, suffering is optional。"意思是，痛苦无可避免，但我们可以选择是否受苦。虽然很多经历给予我们不好的体验，但这并不是我们怨天尤人、自我责怪的借口。

如果我们更了解自己，更理解自己，我们将会对自己更温柔、更包容，给自己更多的肯定和认同。不非黑即白地评价自己或是抱怨他人，而是去发展自己的心智能力，去慢慢理解一件事情的发生，我们将会明白所有发生的事情并非只有一种原因，所有事情的解决也不止一种方法。

面对生命，我们总有很多种不同的选择。

第四节

接纳一个完整的自己：自卑与自尊

自卑背后的几种感受

"自卑"更多的是一种我不行、我很糟、我不能、我不配的感觉。

大部分的自卑会让我们感到羞耻，难以面对自我，比如毕业后去参加同学会，在每个人介绍如今在做些什么时，总有一些同学会展示自己的事业或成就，而另外一些同学则会在这样的差距对比中，生出一丝丝羞耻感。这种羞耻感，就是自卑在作祟。

自卑也容易让我们产生愧疚的感觉。比如你曾向别人夸下海口，无论遇到什么事都可以找你帮忙，但是当对方真的向你借钱时，你开始慌了，最后不得已用一个谎言拒绝了对方。被拒绝后，对方当然非常低落失望，甚至会怀疑你的人品。而当你看到对方怀疑的眼光时，内心就有可能会产生一种愧疚感。这种面对他人时的愧疚感，也是由自卑引申出的感受。

自卑的背后还有一种很强烈的恐惧感。当一件事做不好将面临巨大的惩罚时，我们会害怕，害怕自己的表现不好，害怕自己辜负他人的期待，害怕自己不够完美……这种恐惧的感觉，也是自卑的一种体现。

自卑的四种类型

自卑有很多种分类方法，我个人把自卑分成以下几种类型。

首先，能力自卑。有些人觉得自己的能力不如别人。在江南农村一带，父母会给孩子建房子，但由于大多数人家都不止有一个孩子，所以在房子分配上就容易出现问题。这一点体现在兄弟之间最为明显，一定要划分清楚哪个是哥哥的房子，哪个是弟弟的房子，而且一般来说，都是哥哥的房子在东边，弟弟的房子在西边。我家是在我七岁时建的房子，建房子要找水泥工、木工、电工等。我弟弟聪明伶俐，他会偷偷拿我爸的烟去给这些工人，告诉他们，"给我哥哥那边用差一点儿的材料，给我这边用好一点儿的材料"。听到他的这些话，所有人都笑了，包括我母亲，当时她还跟我说："你看你弟弟多聪明。"直到现在，我还记得当时的情景，那时我也跟着傻乎乎地笑。就这样，弟弟聪明而我愚笨的感受，就在那样的一个场景里被固定了。这种感受对我的人生产生了很大影响，当我和别人竞争时，我的第一反应往往是"我是愚笨的，我争不过别人"，这就是能力自卑。

另一种叫性别自卑，这是一种更深层次的自卑。一位在重男轻女的家庭氛围中长大的女性，会因自己的性别而自卑。我的一个来访者曾说："我要变得像男人一样，跟男人竞争时我一定要赢。"很多强势的女性都有这种想法，当不认同自己的性别时，就容易去"绞杀"家庭中那个被重视的男性，和男性一争高低。比如很多姐姐是"扶弟魔"，对弟弟不计成本地奉献，表面上看她们的弟弟是既得利益者，但实际上这对于弟弟来说并不一定是一件好事，因为这样一来，这个弟弟无论是在姐姐还是在其他人面前，都变成了一个无能且无用的人。别人会说，弟弟很无用，姐姐很能干。作为姐姐，就是用这种方式来抵消自己的性别自卑感。

还有一种自卑叫作存在性自卑。丈夫看了一眼其他女性，妻子很不高兴，觉得丈夫对其他女性的重视和关注度超过了自己，于是愤怒地说："你觉得她比我好看是不是，我跟你没完！"这样的情形在电视上很常见。妻子因为丈夫看其他女性而感到愤怒，是因为害怕自己在丈夫面前没有存在感。这种存在性自卑还出现在其他场景：自己的诉求没有被听到甚至被忽视，比如当我去吃饭时，朋友们一个个离席，这时我会感到特别沮丧，萌生不被重视之感，因为他们没有把我当成一个重要的朋友来对待；再比如有时我感到一些人似乎看不上我，总是抛下我独自行动。这些让我们感到不舒服的时刻，背后都藏着存在性自卑。

最后一种叫作权力性自卑。简单来说就是发现自己在人群中没有任何影响力，从而产生的一种自卑。主要表现是，说的话没有人愿意听，要求做的事没有人愿意做，没人承认他对家庭、公司有影响力等。有些妈妈特别在意孩子的学习，当孩子做功课时，一定要指导孩子的坐姿和写字的方式，帮助孩子解题后要求孩子马上就能举一反三。这背后其实就是权力自卑感：我说的，你必须听；如果你不听我的，我就会感觉我的权力受到了威胁，从而激发权力自卑感。

以上四种就是自卑的分类。我们可以通过这个分类来觉察自己的自卑来自哪里，属于哪一种，从而更好地了解自己。而后我们可以再去看看我们应对自卑的方式，去理解自己为什么有这种感受，我们都有哪些信念，以及为什么选择这么做。

自卑的反面不是自信，是自尊

很多人常说自卑的另一面是自信。经常感觉自卑的人看见有人上台表现得特别自信时，就会心生羡慕，同时觉得自己不能像对方一样光彩照人。然而事实上，一个能在台上表现自如的人，其实未必是自信的，但一定是自尊的。

自卑的对立面并不是自信，而是自尊。

那么，自尊是种什么样的感觉呢？一个经常否定自己的人，是没有办法得到自尊的。试想，如果你对自己都不尊重，又怎么会获得别人的尊重？

那么，尊重的感觉又是怎样？举个例子，做团体体验时，我会挨个邀请学员上台发言，规则是每个人发言的时间不能超过两分钟。有一个伙伴发言超过了两分钟，于是我立刻打断他说："抱歉，这是规则。"对于这个伙伴来说，他心里可能会有一种不舒服的感受。但如果所有人都认同这个规则，那么尊重规则就是尊重他人，因为这个规则能让每个人都有一次公平表达的机会。而且努力去倾听别人，这也是一种尊重。如果有人说我不想表达，那我们也会尊重对方，表达与否都是个人的选择。

我们共同接受并维护规则是一种尊重，同样，我们提出建议或者要求，接受对方对此的同意或是拒绝，也是一种尊重。

尊重是接纳一个完整的自己或他人。有一些人一直在抱怨自己的过去，觉得各方面都很糟糕，自己都无法接受自己。也有一些人无法接受身边的人，觉得对方不是理想对象，无法跟这样的人生活在一起。想要改变自己的过去，或者想要改变他人，这样的行为都不能算作尊重。

尊重是如其所是。简单来讲就是接纳自己本来的样子，接纳对方本来的样子。

初中时，我给班花写了一张小纸条，说想跟她交个朋友。结果班花把纸条交给了物理老师，物理老师当众读了出来，同学们哄堂大笑。当时的我感到特别羞耻，恨不得找个洞钻进去。可是，从另一方面来说，我又对他们有期待，期待他们不要这样对我，当然这种期待是不合理的。

因为被同学们嘲笑，所以我一度很自卑。那么，我是因为表达了对班花的欣赏或者爱慕而产生了自卑吗？不是，无法面对自己的羞耻感让我产生了自卑。

很多年后初中同学聚会，我们又提起了这件事。这时候我对大家说："当时的我真是'太不要脸'了。"当我把"不要脸"三个字玩笑般地说出口时，我其实已经接纳了这件事。当我重新看待这个过去的自己，接纳自己当时的羞耻感，我就可以自在地跟他人谈论这件事，当我说起时，这件事对我而言就已经是过去式了。

近几年很流行的一个综艺节目《脱口秀大会》，里面的脱口秀演员会把自己曾经遭遇的窘事，编成一个个段子讲给观众。当一个事故可以被讲出来，就会转化成一个故事。这同样也是接纳自己的一种方式。

不过这里需要注意：要接纳一个完整的自己，而非接纳一个完美的自己。很多人认为所谓尊重应该是所有人都认为他是一个特别厉害的人，只能看到他的优点。如果别人看到了他的缺点或者弱点，他就会立刻体会到羞耻感，然后恼怒起来。只有做到完美，自己的感觉才会好一点儿，这不是自尊。

真正的自尊是"哪怕我不完美，哪怕我没有那么厉害，也可以"。

自卑体验的积极转化

阿德勒认为，自卑人人都有，像生命中能体验到的各类情感一样，自卑也是人类情感的一个组成部分，这一点无法改变。自卑没有好坏之分，没有对错之谈，它只是一种我们天然的情感。

很多人跟我说自己被自卑困扰，仿佛自卑是个"诅咒"，影响着整个生命的走向。但事实上，如果能够找到与自卑感相处的方式，那么自卑就不会成为我们的阻碍，而会成为激励我们前进的动力。

我的一位企业家朋友很有意思，他家里的情况和我家很类似，都有一个弟弟。他的父母总是对他说："你看看你怎么这么笨，十个你都顶不过你弟弟一个。"有一次我们出去聚会，聊到家里的情况时，他跟我说，父母的这句话一直激励着他。

"激励"，没错，他用的是"激励"这个词。

我的这位朋友是将自己被激发的自卑体验，转化成了一种正向的激励，而这种激励在他的人生中，也让他取得了很多事业成就。相反，如果我们用一种负向的信念去解读，则可能解读出其他的意味，从而激发出我们的另一种行为。比如我们认为父母的这句话是在贬低我们，于是从此自暴自弃，破罐子破摔。

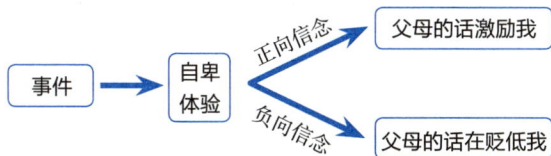

图 1-4　自卑转化的两个方向

　　当我们能够很好地处理和转化自卑体验时，我们就能够在某种程度上获得一定的自由。但是当我们无法处理自卑感时，我们就会产生自卑情结。阿德勒在《自卑与超越》中将自卑情结定义为：当一个人面对自己无法适应的环境或不能妥善解决的问题时，认定自己无能为力，此时出现的无助、失措等情绪，即为自卑情结。

　　自卑情结是我们无法真正面对自己的羞耻。这种羞耻是怎么来的呢？是因为我们自己不好、做错了或自身的其他问题导致的吗？并不是，这种羞耻感是因恐惧演化而来的。这就好像我们在某个维度上的发展，会被卡在过去的某一个点上。

　　很多人在做心理咨询的时候，会不断地提到自己的原生家庭和小时候被对待的方式，包括一些自己无法面对的情景，然后再深深地认同这种情景。哪怕已经过了几十年，哪怕忘记了当时发生了什么，但是那一刻的体会和感受，他们此刻仍然经历着。

　　我们的感受是没有时间概念的，它会存在于我们的记忆当中。比如两个人一起出去旅行，在旅行的过程中，他们记住了当时互动所产生的感受。若干年后，或许他们早就忘记了旅行的内容，但旅行的感受会铭记一辈子。其实人与人之间都是如此，回忆一下跟你关系好或者跟你交往比较深的那些人，回想跟他们在一起的情形，更多的时候你记得的是当时的那种感受。比如在你难过时，有一个人对你说了一句很温暖的话，那么那种温暖的感受就会让你记忆深刻。这些感受会帮助我们成长。

不管用什么方式应对自卑感，这一切都是我们曾经的生存策略。有的人在人际关系中总是讨好别人，这也许就是当时最好的解决方案。但是时隔多年，我们早已不是曾经的自己，如今我们可以用新的资源创造出更多的方式来帮助自己应对当下的困难。除了有选项 A，还可以有选项 B、选项 C、选项 D 等等。此外，应对方式没有好坏之分，我们也不必评判曾经的应对方式，还记得开篇时我曾说过什么吗？接纳一个完整的自己，就是尊重；不抱怨过去，不评判我们曾经使用的方式，就是自尊。

第二章

如何看待他人

第一节

忽　视

忽视是一种不被回应的体验

我们来想象一个场景，有一天你流落到一个孤岛上，岛上只有你一个人，周围丛林密布，晚上阴森可怖。

你计划一定要逃出这座孤岛。于是你开始生火，试着用随身携带的可以反光的东西反射太阳光来发出求救信号，在空旷的地面上画出或摆出大大的 SOS（紧急呼救信号），希望飞过的直升机或路过的轮船可以看到并把你带出孤岛。但是两三天过去了，没有船或飞机驶过。直到第四天，终于有一艘船经过，船上的人看到了你的求救信号，但并没有做出任何回应，没有给予你任何帮助。这个时候，你的感受是怎样的？

或许你会感觉沮丧和绝望一起涌上心头，随着一艘艘船的视而不见，你开始对自己回到陆地这件事情不抱任何希望，甚至打算在这座孤岛上了此残生。

这种感觉就是我们被忽视时的体验——被对方看到却没有得到回应。

这种忽视在生活中很常见，当我们和一个非常在意的朋友或者恋爱对象发信息聊天时，如果对方回复及时，我们会感觉自己备受重视。但如果对方在我们发了很多条消息后毫无回应，甚至"已读不回"，那一刻真是最糟糕的体验。

以此为例，让我们深入看看什么是"忽视"。如果对方因为没有看到我们的需求，所以没有做出回应，这不是忽视。如果对方看到了却视而不见，这是忽视。

被忽视的感觉就像一个人和世界切断了连接，即使身处人群之中也觉得自己形单影只，没有同伴，没有回应，孤苦伶仃，像是朱自清先生的那句"热闹是他们的，我什么都没有"。

之前网上有一种说法——孤独是分等级的，最低等级的孤独是一个人逛超市，最高等级的孤独是一个人做手术。我虽然没有一个人做手术的经历，但是我感受过一个人看病。当时我因为一个小意外脚趾骨折了。本来这也不算什么很大的伤，因为我还可以依靠左腿和拐杖，打个车去医院看病。但到了医院，输了液，我就"失去"了双手，没有办法拄拐杖了。这时候我想要去卫生间就变得极其艰难。

无助与无力在那一刻向我侵袭而来，我体会到了和一个人做手术相似的体验，好似被全世界遗弃和忽视的孤独。

很多抑郁症患者也会有这种被忽视的感觉。抑郁症有三个表现，也被称为"三无"：无助、无用、无望。他们不知道如何才能走出那种孤独到绝望的状态，甚至想要轻生，我有一个来访者曾描述这种感觉，他说像是自己被关在一个玻璃罩中，你看得到外界，外界也看得到你，但无论你如何呼喊求救，他们都没有任何回应。

被在意的人忽视才是忽视

忽视得以实现，其实有一个先决条件，就是那个忽视我们的人，一定是我们在意的人。如果我们不在意对方，或者对方是一个让我们感觉恐惧的对象，那我们可能还要开香槟庆祝——幸好他忽视我。比如偏执狂或者跟踪狂，他们总是希望了解我们的一举一动、一言一行，我们在社交平台上的动态他总是要做出一些奇怪的回应，继而跟踪、偷拍，甚至将我们的隐私发布到公众平台上……这些令人感到害怕的举动，只会让我们祈求千万不要被对方关注和重视，巴不得忽视的发生。

但反过来，如果对方是我们在意的人就不一样了。如果对方对我们的需求和情绪视而不见，眼神中流露出不关心、不关注的态度，我们就会感觉被伤害。英国精神病学家约翰·鲍尔比曾在依恋理论中讲到"跟随行为"。

所谓跟随行为，直白来说，就是幼崽出生后会锁定附近一个活动明显的客体，跟随并与该客体建立连接。刚出生的小鱼总是喜欢跟在妈妈后面游来游去，刚出生的小鸭子也喜欢跟着大鸭子走来走去。人类的婴儿也会有这样的行为，只不过刚开始是用眼睛跟随，他们的眼睛会追着妈妈来来回回。等他们渐渐学会了走路，这种眼神跟随就变成了行为跟随，他们会跟着自己的妈妈走来走去。

宝宝出生后，他最在意的人便是他来到这个世界上第一个与他建立连接的人，大多时候这个重要的人就是妈妈。一个能看到并很好回应宝宝需求的客体，可以帮助宝宝建立和发展健康的依恋关系与人格。如果宝宝的需求总是被忽视，对他来说无异于被抛弃。

忽视的三种类型

需求忽视

第一种忽视，是需求的忽视。比如视而不见的忽视，我们想要对方及时回应我们，对方却已读不回；还有牛头不对马嘴的忽视，比如我想要一个苹果，对方却送了我一车香蕉，看似给了我很多，但是并没有满足我真正的需求。

有一本名为《中毒的父母》的书，里面有这样一个故事。女儿和她的妈妈一起上街，女儿和妈妈说自己想要吃一个冰激凌，妈妈很痛快地就答应了。这时候女儿补充道："我想吃一个草莓冰激凌。"可妈妈很是怀疑："你之前一直都吃巧克力冰激凌的，今天为什么要吃草莓冰激凌？草莓冰激凌不是你想要的。"然后女儿再次表达说她今天就是想吃一个草莓冰激凌。回家后女儿发现：妈妈买回来的还是巧克力冰激凌，并且坚持认为这才是她想要的冰激凌。

故事中妈妈的做法就是一种需求忽视，无论女儿如何强调，她都看不到，完全忽视了女儿真正的需求，一味地按照自己的意愿去安排孩子的想法。身为妈妈的她满足的是自己的需求，而不是孩子的需求。

我们所说的需求忽视就是这样，不是他人拒绝了我们的请求，而是他人对我们的需求视而不见，或者看不见真实的我们，按照其本人的意愿强行曲解我们的需求。

情感忽视

之前有一个朋友和我分享了一件事，有天她的女儿说今天要做一件非常重要的事情。听到后我朋友立刻紧张了起来，她想：这件事对女儿如此重要，那家里的环境应该安静一点儿。但不巧的是，正好赶上楼上装修，电钻的声音嗡嗡地响个不停。于是，我的朋友就上楼跟人家理论，希望对方今天能停一停。一来二去，因为这个事情她楼上楼下地跑了三趟，但对方并没有答应停工。

这个过程中，她发现女儿似乎越来越焦虑，女儿越焦虑，她就越想要楼上的装修队停下来。直到女儿和她说："妈妈，你不要再楼上楼下来回跑了。这件事情对我来说是很重要，但是这些噪音对我影响不大，我真正需要的是你对我的鼓励和支持。"

从这件事情中我们可以看出来，我朋友希望女儿能够更专心致志地完成她认为重要的事情，所以想要给女儿一个更安静的环境，但她忽视了女儿的情感需求，既没有过问女儿的感受，也没有理解女儿焦虑的真正原因是什么，其实女儿想要的只是妈妈的鼓励和支持。

我和我儿子去徒步时，也发生过类似的事情。我们去雪山徒步，地势陡峭，起起伏伏，翻过一座山，还有好几座山，一路十分艰苦，按照当天的计划我们已经完成了五分之四，临近结束，快要达到体力的极限，他每走一会儿都要说一句"我不行了"，我当时也很累，但是想给儿子做个榜样，所以就在一旁给他打气："你不会不行的。"于是整个过程就变成了：

"我不行了。"

"你不会不行的。"

"我不行了。"

"你不会不行的"

……

如此反复。

这话看似回应了他，但其实根本算不上回应。

当晚到了营地，大部队稍事休息后，儿子和我说："老爸，徒步实在是太累了，我刚刚只是抱怨了一下，我其实并不需要你告诉我'我不会不行的'。"望着儿子真诚而清澈的眼睛，我突然意识到，原来刚刚我的那些回应，其实回应的并不是他，而是那个害怕儿子不行的自己。

"你不会不行的"，这句话忽视了儿子的情绪和情感需求。当他说"我不行了"的时候，我能给予的最好的支持，其实是接纳他的情绪——"你很累，很辛苦，爸爸都看到了，爸爸现在也有这种的感觉。但爸爸同时为你感到骄傲，因为你没有靠别人而是自己独立走到这里，这对成年人都很难，对你来说就更不容易了。但你做到了，你是爸爸的骄傲。"

还有人有这样的经历：

小时候摔倒了，爸爸妈妈不允许他哭，不许他表达自己的情绪；

小时候尿床，长大后爸爸妈妈还会在大庭广众之下和别人谈起，全然不顾他当时的羞耻感；

喜欢一个女生，可女生不断让他拿出爱自己的证据，仿佛他是个工具人，一味的付出与讨好换来的却是一次次希望落空……

以上这些情感忽视，会让当事人感觉不被理解，非常孤独。

忽视是需求上的忽视，是情感上的忽视，是对方假装看不见，从主观上忽视我们的需求，更有甚者，会用忽视来攻击或控制我们。

心理学上有个术语叫"煤气灯效应"，又叫作"煤气灯操纵"，是指施害者为了对受害者进行心理操控，故意忽视受害者看到的事实和真相，让受害者逐渐丧失自尊，产生自我怀疑。举个例子，甲说："我刚刚看到了一只老鼠。"这时候，乙跑过来说："没有老鼠，你看错了。"丙也说："没有老鼠，是你的幻觉。"三人成虎，渐渐地，甲就会开始怀疑自己是否真的看见了老鼠。

这种故意忽视在日常生活中也很常见。比如我们给一个人打电话，他总是不接听，你问他的时候，他就会说："我没看到你的电话，如果看到，肯定会第一时间给你回的。"或者有的妈妈在家里又要照顾孩子，又要做很多家务，忙得分身乏术，丈夫却视而不见，继续打游戏。如果说情感忽视带给了我们孤独的感觉，那故意忽视给我们带来的就是委屈和愤怒的情绪。

价值忽视

价值忽视很好理解，比如孩子看到父母工作一天非常疲倦，就跑过来说："爸爸，我给你捶捶背吧！"或者"妈妈，我帮你刷碗吧！"事情虽小，但让我们感觉我们的疲惫被孩子看见，所以内心会有触动，而这个触动就证明孩子的付出是有价值的，很多父母会接受，说："谢谢你帮爸爸捶背，因为你的帮助，爸爸现在感觉好多啦。"孩子也会觉得自己是有价值的，对他人有贡献的。但有一些家长不会如此，他们会想：我生你养你，你给我捶背洗碗难道不是你应该做的吗？所以在孩子做完这些后，这些父母并不会给孩子一个正向的回应，或者干脆不回应。这个时候，孩子的价值就被忽视了。当然，这样的忽视也出现在干脆不接纳孩子的父母身上，他们会在一开始就对孩子说："洗碗不是你的事，你只要好好学习就可以了。"

此外，被性别期待的孩子也会有价值忽视的体验。很多从重男轻女的家庭中成长起来的女孩都不被父母重视。有些父母甚至认为养育她们就是给家里的哥哥或弟弟做贡献，她们自身是没有价值的。在这样的环境下长大，很多女孩慢慢把这种重男轻女的思想内化，找不到自身的价值，看不到自己的优点，不敢满足自己，从而形成"我没有价值"的自我认知。

如何处理忽视

乔恩·G.艾伦在《创伤与依恋：在依恋创伤治疗中发展心智化》一书中曾写道："忽视一个孩子也是虐待，因为它会引发痛苦的情绪，简单地说，创伤经历的本质是害怕和孤独。"我认识的一个女孩就是这样，她的成长经历非常特殊，她小的时候妈妈工作比较忙，所以大多数时间都由爸爸照顾。爸爸是一位化学老师，有非常严重的强迫症，每次妈妈在上班前都会嘱咐爸爸大概什么时间要给孩子喂奶粉、放多少勺的奶粉、用多少度的水、摇多少下等精确的工序。这导致每当她饿了哭着要奶喝时，爸爸还"奋战"在冲奶粉的道道工序上：要把奶粉放在秤上称重，水也要用温度计测量，冷了加热水，热了加冷水，一番操作下来，孩子早就哭得声嘶力竭了。

随着咨询的深入，我们发现忽视不仅仅体现在她幼年时期的喝奶上，还有其他需求的未满足。父母总是看不到她真实的需求，按照自己的想法行事，比如晚上她不想睡觉却被父母硬哄着睡觉；她想要和父母一起玩时，父母一边看着电视，一边心不在焉地和她互动，等等。长期处于这种忽视之中，需求总是得不到及时回应与满足，这种恐惧的感觉被她深深植入无意识中，现在这个女孩有着非常严重的人际隔离和一些类似边缘人格的特质。一旦认为对方对自己有威胁，或者对自己有一些不好的对待，她就立刻视对方为敌人。

活在这样的世界中是一件很辛苦的事，试想一下，如果你的生活中充满了假想敌，你遇见的每个人都有可能对你不利，那感觉该有多可怕。

被忽视对我们来说是一种创伤性的体验。因为在被忽视的过程中，我们感觉与外界失去了连接，没有人回应自己，孤零零地待在一个角落，不被他人看见，陪伴自己的只有委屈、难过、愤怒的情绪。那如果我们真的被忽视了应该怎么办？

第一，自我觉察。如果我们经常担心害怕他人忽略我们，或者不敢提出自己的需求，那么我们需要觉察的第一件事就是我们的忽视情结。当被忽视的恐惧发生时，我们要去分辨这种被忽视是真实的已经发生的，还是我们假想的尚未发生过的。这就好像一个人戴着墨镜看世界，会看到整个世界都是墨镜的颜色，我们越是带着"怕被忽视"的眼光去看待身边的人，身边的人就越有可能忽视我们。我们不妨摘掉"墨镜"去看看这个世界，去看看身边的人，或许会有不一样的事情发生。

第二，理解他人。有时候我们会感觉别人似乎把我们当成工具一样看待，忽视了我们作为人的存在。就像我们认为妈妈非常爱自己，为我们付出了很多，但她又时常忽视我们的感受，强迫我们去做一些不愿意做的事情。这个时候妈妈其实更看重的是她想象中的孩子，反而忽视了真实存在的孩子。很多人际关系回避的孩子，或者网络成瘾的孩子，背后常常有一对喜欢比较的父母，他们用现实中的孩子和他们想象中的孩子做比较，忽视了现实中孩子的需求和情绪，一味地要求孩子成为他们想象中优秀的样子。

或许我刚刚讲到的就是你的故事，或者你身边人的故事。小时候父母对待我们的方式给我们造成了创伤，但或许你不知道，那已经是父母能做到的最好了。父母这样"忽视"我们，很大一部分原因是因为他们曾经也被如此"忽视"过。没有获得过爱的人，要如何给予他人爱呢？

我常说"因为了解而理解，因为理解而和解，因为和解而成长"。如果我们可以理解父母这种"忽视"，就能更好地接纳如今的自己，一旦我们做到接纳，便不会被委屈和愤怒控制，也不会变得自卑，自暴自弃，而是有力量成为更好的自己。

是谓：放过他人，就是放过自己。

第三，向上生长。很多女孩因为父母重视哥哥弟弟而忽视自己，对父母的不公一直愤愤不平，甚至制订了一系列报复计划。是啊，同样是父母生的，凭什么我得到的就要比你得到的少呢？这些想法对于一个孩子来说是完全合理的。可当年岁增长，我们渐渐长大成年，在探索世界的过程中，我们生长出自己的力量，建立起自己的人际关系，并且受到人际关系的滋养时，就会发现：对原生家庭的恨意与我们内在的力量成反比。也就是说：我们越弱，对他人的恨意越多，我们越强，对他人的恨意越少。

孟子云："君子不怨天，不尤人。"说的也正是这个道理。

第二节

讨　好

讨好是一种不甘的辛酸

之前很多人问我，胡慎之这个名字很特别，是不是艺名？其实不是。这个名字是我的本名，而且是我还没出生时父亲就给我起好了的。

曾经我一度非常想改名，这里有很多原因。"慎"这个字，在字典里的意思是"注意、小心"，父母给我起这个名字是希望我慎之又慎，乖巧懂事。为了满足父母的期望，我时时刻刻都小心翼翼，以至于后来我一直想改一个轻快一点儿的名字，似乎改了名字就能改变自己的性格和生活态度，让自己放松一些。另一方面，这个名字用我们那边的方言说出来不是很好听，"胡慎"的发音有点像是"猢狲"，每次朋友们喊起来我都感觉不太舒服，像在叫一只动物。本来是个很严肃的大名，叫起来却像是个外号，这也是我想改掉名字的第二个原因。最后，也是最重要的一点，这个名字里的"慎"字其实取自我家祖上的祠堂——"慎德堂"，把"慎"字交于我，仿佛是将整个家族的未来交给了我，我是家中的长子，父母希望我能光宗耀祖，寄予了我很高的期望，而这也同样带给了我很大的压力。

最终我还是没有选择改名，这对于少年时期的我，更多的是对父母的一种讨好和取悦。

很多人跟我说，小时候经常会被父母逼着去做一些自己不想或不愿做的事情，比如过年全家人围坐在一起吃团圆饭时，父母非让我们给亲戚表演节目，或者要求我们把不喜欢的食物吃下去。如果我们拒绝，他们就会指责我们不懂礼貌、不识好歹。

有很多习惯性讨好的人，他们的父母常说的一句话是："你不听话，我就不喜欢你了。""你再哭再闹，我就不要你了。"这些话对父母来说可能并无恶意，但孩子听到的是关乎生死的大事——"妈妈如果不喜欢我，是不是就要抛弃我了？""我不听话，妈妈是不是就不要我了？"这些话像是紧箍咒一样，在孩子耳边一遍遍重复，孩子担惊受怕，为了生存下去，讨好就变成了孩子的生存策略。

自己想要什么变得不再重要，不让自己被抛弃变得最重要。

我出生后一年，弟弟就出生了。弟弟是一个早产儿，母亲怀孕 7 个月就生下了他。刚出生时，他不会哭，也不会喝奶，身体瘦小得就像童话故事里的拇指姑娘，他也因此获得了全家人的关注。如果说父母对我的期望是谨言慎行、懂事听话，那对弟弟的期望就只是活着，能活着就行。于是，父母每天会花费大量的时间和精力照顾弟弟，根本无暇顾及我，我不得不被父母送去奶奶那里，由奶奶代为照顾。

其实我那个时候知道，如果我想要和弟弟争夺父母的关注，那就只能比弟弟更弱小，但我不想这样。因为我一旦生病，就会给父母带来很多麻烦，父母照顾弟弟的同时还要分心照顾我，这会让我感觉内疚与羞耻。所以很多时候我选择逞强，就好像那句老话："报喜不报忧。"记得有一次发高烧，我明明呼出的是热气，但浑身冷得好像置身冰窖，即使这样我仍然坚持着没有和父母说。

除此之外，我还会尽我所能，为家里做所有我力所能及的事情。那时候我家在农村，有很多农活需要做。我一个七八岁的孩子，可以独自拖一辆一个成年男人才可以拖得动的板车。村里的人夸我力气大，我听到他们的夸奖，看到妈妈欣慰的眼神，心里只觉得高兴。为了更大程度地被接纳、被认可、被需要，我变得非常谦让，如果家里只有一个鸡蛋，我一定会把它让给弟弟。弟弟如果在学校受了欺负，我还会去保护弟弟。

六七岁的时候，村子里有很多小朋友一起玩。但是我经常被父亲关在家里，只能眼巴巴地看着其他小朋友，每当我因为这件事情跟父亲反抗，他总是说："你和他们不一样。"小小的我并不理解这背后的意思，只是越被阻止，对这件事就越发渴望。好不容易能够出去玩了，其他小朋友也会因为我和他们不相熟、不亲近而排挤我。在家庭中习惯讨好的我，当时能想到的最好的加入方式，就是拿出我心爱的玩具、糖果去和他们分享，去讨好他们。

那个时候，讨好成为我与他人建立关系的主要模式。小的时候不懂得，其实这个做法，让当时的自己成了一个价值提供者，一心只想证明自己是有价值的。我害怕自己成为父母的负担和累赘，再一次被"丢"下，不得不与父母分离；我担心其他小朋友不喜欢和我玩儿，我会遭到排挤，所以哪怕很喜欢的东西，也要忍痛割爱分享给其他人。

讨好这种策略是非常辛苦的，而且会让人感到委屈。有朋友和我说："讨好的时候，我是不甘心的。"我非常能理解这种感受，因为担心成为别人的累赘、不被接纳，所以不得不讨好一些内心中并不认同的对象，这是非常痛苦的。在讨好的过程中，我们不仅会感觉羞耻和无助，也没有办法去信任别人。

讨好的两种类型

第一种是意识层面的讨好，也被称为主动讨好。它是指我们为了获得一些能看到的现实利益而做出讨好行为。比如领导手中掌握着员工晋升和加薪的权力，这个领导又比较强势，为了达到升职加薪的目的，我们可能就会产生一些意识上的讨好，更重视他、更听话等。做销售也是一样，为了一件衣服可以卖出去，可能会特意夸奖顾客穿上这件衣服很漂亮、很有气质，给对方提供情绪价值。

还有一种讨好是我们习惯的一种关系模式，是无意识的重复，源自我们小时候的生存策略。上文中关于我自己的例子就是如此，在这里不再赘述。

前一种讨好有明确目的，比如用情绪价值交换经济价值，后一种讨好则是由恐惧激发的。小的时候我们因为担心自己被抛弃、被边缘化，为了能够获得更多的认同和肯定，费尽心思讨好身边人。前者中，我们因为有了强烈的获得感，所以心理上达到了平衡。但后者是委屈的、恐惧的，若这种讨好策略被我们内化，也不加觉察，则会无意识演变成人际互动的方式。

讨好的关系中没有绝对的受益者

讨好别人的人总是希望通过讨好来获得他人好的对待，他们似乎有一种执念，就是只要我对你足够好，你就会喜欢我。其实，这是一种认知偏差。因为你对我的好坏，和我是否喜欢你并不是直接画等号的。我们可以先从讨好的一方说起。

讨好对于讨好者来说，是一种极大的内耗。首先，我们要猜测被讨好的一方需要哪种方式的讨好。我们要花费很多的时间和精力去观察他，他是需要被夸奖？被赞赏？满足虚荣心？还是需要物质上的给予？……其次，我们还要衡量自己的能力是不是可以满足这个人。如果这个人需要我们不停地说好话，但我们不擅长言辞，这时候我们的能力和这个人的需求就产生了落差，这会让我们花费更多的讨好成本。第三，每一次讨好都会让我们感觉委屈和不甘，即使讨好后可以获得不少利益，我们也会认为那只是对我们的补偿而已，并不会感激对方，而是觉得这是我应得的。这并不是一个能令人感觉舒适的关系。

当我们要去讨好一个人，一定是处处敏感，甚至是谨小慎微的，这种时刻紧绷的关系对我们何尝不是一种内耗。

那被讨好的一方呢？他们就一定会喜欢被讨好吗？不一定。我之前经历过这样一件事：有一个人来我家做客，从进门开始，他就时刻小心翼翼。我和他说不用换鞋，他显得非常不好意思。我让他在沙发上坐下，他说："沙发太干净了，我坐下会不会把你的沙发弄脏？"我宽慰他说："不会，你就坐吧。"但我发现这句话并没有宽慰到他，因为他虽然坐了下来，但只是用半个屁股坐在沙发上。后来我请他喝茶，喝茶时他生怕茶水洒到地上，谨小慎微地端着茶杯。这个时候我终于忍不住了，暗自思忖：我是一个这么挑剔的人吗？为什么他好像见到我很害怕的样子？

后来，我看到他坐立不安，以为他想要离开但不好意思开口，就问他："你是不是接下来还有什么事情，现在要离开了？"

然后他说："我可不可以借用一下卫生间？"那一刻，我最直接的感觉是：难道我像一个恶霸吗？让人家连想去卫生间都不好意思和我说。

这个故事就是心理学中说的"投射"。心理学家约瑟夫·桑德勒对其这样定义：投射是某人将自体表象中不愉快的方面，归因到了另一个人的精神表象上，是个体依据自己的需要和情绪的主观指向，认为自己身上存在的心理行为特征，在他人身上也同样存在。简单来说，就是当我们害怕自己被挑剔时，就会在他人身上寻找自己被挑剔的证据，比如我们会预设对方是一个挑剔的人，对方的一言一行在我们看来都是在挑剔自己。很明显，刚刚这个例子里的人一直处在讨好中，并且将一些东西投射给了我，把我当成了一个挑剔或不好相处的人，这个过程让我很不舒服，因为我不是那样的人。

讨好的过程中一直伴随着冲突。讨好的关系中没有绝对的受益者。即使是被讨好的人，也不会因为他人讨好了我就感觉心情愉悦，有时候反而会对讨好自己的人处处防备。

讨好背后的动力

我做过一些关于讨好者在文学作品中的研究，很多书籍与文章似乎都在告诉我们做一个讨好者是多么糟糕。这些作者描绘了一个个为了给别人留下深刻印象而毁掉了自己的生活的角色，他们可能是年纪轻轻的"扶弟魔"，也可能是年过半百的老好人……他们披着伪装，时刻保持警惕，压抑情绪，把自己的能量消耗殆尽。

可即使讨好行为如此不好，我们为什么还是对此锲而不舍呢？

第一，讨好是为了获得重要的人的认同感、关注与爱。《二十四孝》中有一个故事，讲的是一个 70 多岁的老人还上台演戏，逗自己的双亲开心。很多时候，讨好中暗藏着依赖。这种依赖是指心理上的依赖，我们需要从他人那里获得对自己的认可，我们依赖父母、同伴，依赖他们给予我们的评价。

在养育孩子成长的过程中，心理情感的培养对父母来说可能是最具挑战性的。如果一个孩子在幼年时长期被否定，甚至有被抛弃的经历，且过后未经处理，那在他成年后，这种强烈的不安全感很大概率会持续伴随着他，导致他情愿牺牲自我，牺牲自由。他们不得不从他人，尤其是从重要的人的回应和评价中去认识自己，以别人作为"镜子"，来判断是非正误。这样的依赖是畸形的，一旦得到的回应和自己想象的并不相同，或者得到的评价是负面的，就更容易陷入深深的自我怀疑。相反，如果一个孩子在被接纳的氛围中长大成人，他会更有能力认识到他们的价值在于他们自己是谁，而不是他们能做什么。他更有能力关注内在真实的自己，而不是别人对自己的看法。

第二，获得道德上的优越感。讨好必定伴随付出，这种付出可能是物质付出，也可能是心理上的顺从，这种付出可以给我们带来一种好处，那就是让我们似乎拥有了指责他人的"底气"。就好像施与受之间，似乎施者比受者更有权力要求对方。

"我为你付出了那么多，你还……""要不是为了你，我早就……"。这些都是讨好者的语言。讨好者渴望他人看到自己的付出，肯定自己的付出，若未如愿，则会霸占道德制高点，攻击对方。

第三，出于恐惧，担心自己被排挤。前文中我已经讲过自己的经历，因为觉得自己被其他小朋友排挤，只好拿出自己的玩具和糖果去讨好他们。很多人都有过和我一样的经历，我们讨好其他人时，内心中就一定认可对方吗？其实不然。就像我童年的例子一样，我们是为了加入某个群体，避免被排挤才讨好对方。

从另一个角度讲，这种讨好也是一种对立和攻击。我们预先将需要讨好的人定义为挑剔的人、不讲道理的人，就像来我家做客的那位朋友眼中的我一样，这对我来说就是一种攻击。此外，我们的内心也是不认可、不接纳对方的，讨好过程中的不甘心、不情愿都会让我们对被讨好的人丧失好感，甚至产生厌恶的感觉。

很多讨好者故事的悲剧结局都告诉我们，不要再费劲让别人快乐了，如果这个世界上真的有一个人能左右我们是谁，那么这个人，一定是我们自己。

讨好者的孤独心理

周女士在她 50 岁生日那天来到了我的咨询室,她说见到我之前,除了各种营销机器人给她发送了生日祝福,她没有收到任何一条来自家人的问候。她感到一种强烈的孤独感,好像这个世界根本没有人关心她、牵挂她。在她的认知里,她一直都是这样一个人孤孤单单长大的。

那天我们一起回溯了她的经历,她是家里唯一的女儿,下面有一个弟弟。像所有重男轻女的家庭剧情一样,爸爸妈妈把所有的爱都给了弟弟。从弟弟出生的那一刻起,她变得小心翼翼,战战兢兢。她的人生信条多了一个:只要什么事情都让着弟弟,把所有的好东西都留给弟弟,就会得到父母的夸奖和称赞。于是她学着凡事先满足弟弟,把自己的需求放在弟弟之后。等到她有能力赚钱养活自己,爸妈又开始让她把钱分出来给弟弟。

当时她刚来大城市打拼,手里积蓄根本就不多,父母张口就问她就要 20 万。为了凑钱,她拿出了自己全部的积蓄,还向身边朋友借了钱,拼拼凑凑十几万打给了弟弟。当时谈的男朋友看到她这样的家庭,向她表达了对两个人未来的担忧,但由于她放不下家人,几经沟通无果后,分手了。她说,这么多年,自己独自在外,似乎已经习惯了一个人。

后来,从打工到创业,几经失败,终于有了一点儿小成就,在大城市里开了一家小公司，和一个比自己年纪小的男性成了家。她有父母弟弟，有丈夫孩子，但她发现，好像每次遇到事情时，身边依旧找不到能够帮助她的人，能依靠的只有自己。

不被父母爱护，不被丈夫理解，眼下还有两个虽已成年但仍在"啃老"的孩子要养。她感觉自己被割裂了，一部分的自己要去孝顺父母，一部分的自己要去照顾丈夫，一部分的自己要去满足孩子。她讨好了所有人，唯独没有讨好她自己。

有人曾说："当一个讨好者死去的时候，眼前闪现的都是别人的生活。"周女士就像这话里的人，忙碌一生，照顾父母，帮助弟弟，扶持丈夫，养育孩子，却弄丢了自己。她想要的不过是生日时的一句关心和祝福，有心事时有人可倾诉。可是被讨好的人似乎已经习惯了她的默默付出，甚至当作理所应当。讨好的背后，藏着深深的孤独。

走出讨好

想要走出讨好，第一步我们先要看看在讨好的时候，我们是否把对方投射成了一个"坏"人。如果我们判断对方是友善的，我们在他面前会很舒适自在，这样的人是不需要被讨好的。相反，一个我们判断可能对自己不好的人，才会引起我们的焦虑和紧张，正如我前文所说的例子一样，那个来我家做客的客人，处处小心，仿佛我是一个极其挑剔的人，这时候我就被他投射成了一个"坏"人。所以，看到自己对他人的投射，是我们摆脱讨好的前提。

其次，选择真诚同样重要。这里的真诚有两个部分，一个是选择对自己真诚，另一个是选择对他人真诚，前者是后者的必要条件。对自己真诚是指，一件事我们做不到，我们能够承认并接纳自己做不到。对他人真诚是指，我们承认自己做不到，并能将此知行合一地表达给他人。我有一个来访者和女朋友相处一年后分手，分手原因是女方觉得这个男生欺骗她。我的来访者也很委屈，这一年中他几乎所有的积蓄都用来给女方买礼物，甚至为了哄女方开心，他逢年过节还会四处借钱买礼物。我问他："你有告诉她你是借钱给她买礼物吗？"他说："没有。"我接着问："这样做你的好处是什么？"他想了想，说："就不用面对那个失败的自己了。"做不到并不代表我是个失败的人，做不到只是指这件事我做不到。如果能接纳这一点，这个来访者也不至于如此委屈。如果我们无法做到对自己真诚，自然也无法做到对他人真诚。一个选择对自己、对他人真诚的人，是有力量的，也是能吸引他人的；而一个选择处处讨好、伪装的人，则是脆弱的，也是容易让他人躲避、远离的。

第三，讨好他人不如讨好自己。我们想要讨好他人是为了什么？有些人是想要获得他人的肯定，有些人是想要获得他人的回报、他人的付出等。那么，问问自己：我想要的是什么？

这样东西可以自我满足吗？如果你的答案是可以，那么就去勇敢地满足自己，悦纳自己，对自己提出真诚的诉求，真实地表达自己的情绪、需要和渴望。请记住，如果这个世界上真正有一个人需要被讨好，那么自己才是最应该被自己讨好的那一个。

第三节

讨　厌

有一种讨厌源于我们欲罢不能的喜欢

前两天，我和我的健身教练见了一面，因为疫情我已经很长一段时间没有和他见面了。这次见面我们聊起了疫情对我们的影响，他和我说很多课程由于疫情不能按时上课，前几天给学员上完课后，他感觉很焦躁，于是去吃了些高热量的食物。我就问他吃了什么，他说："就是我很讨厌的炸鸡。"

炸鸡明明那么香，为什么我的教练却说他讨厌炸鸡呢？我们从另一个角度来看就很好理解，因为炸鸡这种高热量食物对讲究热量平衡的健身人士来讲是有伤害的。教练说他讨厌炸鸡，可讨厌的背后恰恰是喜欢，正是因为他不能控制欲望而做出了对自己来说有伤害的行为，所以才讨厌。就像我有段时间特别喜欢喝红豆奶茶，但是红豆奶茶的热量是我跑十公里或者运动一小时才能抵消的，所以渐渐地我会视想喝红豆奶茶的欲望如洪水猛兽，这种讨厌的背后正是一种欲罢不能的喜欢。

讨厌的表现形式

讨厌某个人或者讨厌某种事物，通常会以不同的表现形式表达出来，我将其归结为：表情、言语和姿态。

我很不喜欢榴莲的味道，觉得榴莲的味道和煤气泄漏的味道很像，每次闻到都让我感觉头晕目眩。所以我一看到朋友、同事买了榴莲，都避之唯恐不及，捏着鼻子，皱着眉头，躲在一边。看着他们大快朵颐的样子，我更是面露难色。皱眉头、嫌弃的眼神等都属于表达讨厌的表情，能让对方迅速感知到我们的不满。

至于言语表达，也很好理解。我们公司的楼下有一家甜品店，香甜的蛋糕味道四散在空气中，总是引得周围的人排队购买。但经常有一些人不尊重规则和秩序，妄图插队。那我们肯定要指责他："大家都有秩序地好好排队，你为什么要插队？""你这样对所有排队的人都不公平，你这个人怎么这么没有素质？"这种是用言语来表达讨厌。当我们讨厌甚至厌恶某个人时，经常会通过谩骂、羞辱的方式表达自己对对方的讨厌。

除了表情和言语，我们的姿态有时候也会向对方传递"我讨厌你"的信号。当我们面对自己讨厌的人时，是不是会选择远离对方？对方想要靠近我们一点儿，我们就后退一步，不想与对方有任何的交集和互动，忽视对方的情绪和行为，对对方非常冷漠。

可见，讨厌虽然是我们内心的一种感受，但通常会通过我们的行为举止表现出来，以传递我们对他人的感觉。

讨厌背后的动力

我们为什么会讨厌一个人？让我们来看看讨厌背后的动力。

第一，我们讨厌他人往往是因为我们内在有强烈的挫败体验——竞争的挫败或未被满足的挫败。竞争的挫败很容易理解，比如家中有兄弟姐妹的孩子，小的时候总是需要争夺父母的疼爱和关注，如果父母关注兄弟姐妹多过于关注自己。这个时候，我们就会感觉在竞争中失败了，并因此讨厌那个和我们争宠的人。另一种是未被满足的挫败，假如孩子玩儿得正高兴，奶奶却因为要睡午觉从他手里拿走了玩具，孩子为此哭闹不止，内心受挫。

第二，我们讨厌的人可能恰恰是理想化的自己，这是由自卑引起的讨厌。很多人常常都会想象自己要成为一个什么样的人，或知性美丽，或温柔贤惠，或一表人才，或满腹经纶，但自己又从不为此付诸努力。直到他看见另外一个人——这个人做到了自己想做又做不到的事，成为自己想成为却还没成为的人时，于是他内心的自卑被激活，妒忌、讨厌的情绪喷涌而出。我曾经遇到过一个来访者就是这样，她和她的闺蜜一直在同一个公司工作，两个人的职位也一样，后来她的闺蜜升职了，而她还在原职位没有动。本来处处争强好胜的她因此妒忌、讨厌她的闺蜜，昔日亲密无间的小姐妹如今却吵得不可开交。

《三国演义》中罗贯中为了突出诸葛亮的智绝，把周瑜刻画成了一个心胸狭隘的人物。原文中说："周瑜览毕，长叹一声，唤左右取纸笔作书上吴侯。乃聚众将曰：'吾非不欲尽忠报国，奈天命已绝矣。汝等善事吴侯，共成大业。'言讫，昏绝。徐徐又醒，仰天长叹曰：'既生瑜，何生亮！'连叫数声而亡。寿三十六岁。"一句"既生瑜，何生亮"，就可以看出周瑜对诸葛亮的妒忌之意，虽然历史上的周瑜本是心胸宽广、智计过人的翩翩君子，但小说中虚构的历史故事和人物也不难映射出一些人的心理——不承认他人的优秀，不愿向他人学习，自己在日复一日地妒忌中变得越发渺小。

第三，自我否定的投射。这是指我们讨厌自己的某些想法和行为，无法接纳这部分的自己，所以就将这种行为投射给他人，最终表现为对他人行为的讨厌。这种讨厌可能暗藏着我们内心的渴望，当我们对自己存有批判与不接纳，这种讨厌就会转移到他人身上。

我之前接待过一位来访者，她是一位不喜欢打扮的妈妈，她很讨厌那些在妆容、穿着上打扮得很精致的女人，评价她们浓妆艳抹、作风不正派。不仅如此，她还严格禁止女儿梳妆打扮。当我们一起探索了她的成长历程后发现，其实这位妈妈的心中一直隐藏着一个渴望化妆的自己，只是在她第一次拿起口红的时候，被她的妈妈狠狠批评了，这才一直压抑了自己梳妆打扮的欲望。

第四，创伤后应激障碍（PTSD）。创伤后应激障碍是指个体经历、目睹或遭遇一个或多个涉及自身或他人的实际死亡，或受到死亡的威胁，或严重受伤，或躯体完整性受到威胁后，所导致的个体延迟出现和持续存在的精神障碍。简单来说，我们讨厌一个人很可能是因为对方和曾经伤害过我们的人很像，他的长相、性格、说话方式，乃至带给我们的感觉，总是把我们带回到曾经被伤害的情境中。一个人和伤害过我们的人类似，很容易成为我们的扳机点，触发我们曾经的感觉。所谓"一朝被蛇咬，十年怕井绳"，有时候我们不是真的讨厌对方，而是将曾经被伤害的经历转移到了现在这个人身上。

在电影《比利·林恩的中场战事》中，关于战争的记忆成了19岁的德国士兵比利·林恩永远挥之不去的伤痛，人群的呐喊、采访、喷出的烟雾都会把他重新带回到战争的场景中去，因此他恐惧、厌恶这些大的声响。电视剧《不要和陌生人说话》里的安嘉和，由于演员冯远征对角色演绎得出神入化，导致他家暴的形象深入人心，即使在戏外也被人厌恶惧怕。我们讨厌的其实是这个家暴的角色，而演员作为这个角色的载体，承载了观众们对家暴男的厌恶。

包括有些情侣不欢而散后，看到和前任长相相像或者感觉相像的人，心中可能也会升起一种莫名的讨厌。

第五，边界的侵入。你是否遇到过坐地铁时手机公放的人，或者在别人午休期间大声讲话的人？可能是出于从小接受的道德教育，也可能是出于被打搅的愤怒，我们会对这些行为没来由地生出讨厌。这种讨厌背后的动力其实是他们侵犯了别人的边界。公共场所不同于私人区域，为了维护更好的生活场景，会有些约定俗成的规则来作为我们的权利与义务，比如城市道路区域禁止鸣笛、公共区域禁止抽烟等。我们一方面受制于规则，另一方面又受到规则的保护。当有一些人破坏规则时，就是对他人边界的一种侵入。

如何处理讨厌

你有很讨厌的人吗？讨厌这种感觉会经常在你身上发生吗？如果答案是肯定的，那我们可能要觉察下，这种讨厌是否会让我们感觉孤独呢？一个"事事讨厌"的人，会在不知不觉中和很多人都切断了连接，渐渐的，这个人会感觉自己似乎活成了一座孤岛。那么，如何处理讨厌呢？

第一，当我们感觉讨厌一个人时，我们要辨别清楚是讨厌他这个人本身还是讨厌他的某种行为。乔治·G.艾伦曾在《创伤与依恋：在依恋创伤治疗中发展心智化》这本书中提及"心智化"的含义，"心智化"与"正念"一样包含多个层面的含义，主要指人理解和解读行为与心理状态的关联的能力。简单来说，心智化的能力就是对自己心理状态的觉察。

我们可以使用心智化的能力来分析讨厌的是对方本人还是对方的某个行为，以及这个行为为什么会让我们讨厌。比如当一个妻子说她讨厌丈夫时，我们就可以帮助她分析，她讨厌的究竟是她的丈夫，不想和丈夫再维系这段婚姻，还是讨厌丈夫打呼噜、不爱干净的行为。如果只是讨厌丈夫的这些习惯，那么也许让丈夫调整一些行为，来照顾妻子的感受，这些讨厌就能够处理。

第二，我们要区分清楚是讨厌对方，还是讨厌与对方相处时，对方眼中的自己。我们常说"以人为镜，可以明得失"，当我们身处一段关系中，会非常重视对方对我们的评价。但是有时候他人的评价犹如一面哈哈镜，有失偏颇。如果我们对他人的负面评价深信不疑，就像相信镜子里照出的很丑很胖的人就是自己一样，我们也肯定会讨厌这面镜子。毕竟，这个世界上，几乎没有人会喜欢一个时刻打压自己的人。

第三，有时候我们讨厌的是打破我们幻想的那个人。童话故事《皇帝的新装》里，皇帝被两个狡猾的裁缝欺骗，一丝不挂地走在街上，只有一个孩子说出了真话，皇帝因此颜面扫地。这时候，皇帝最讨厌不是那两个裁缝，而是那个说了真话的孩子。所以想想看，我们讨厌的那个人，会不会刚好是那个戳破了我们幻想、说了真话的人？我们讨厌的是真相还是叫醒我们的人？如果可以觉察这一点，我们也许会认真思考对方的话语和意图，或许我们因为真话感受到了伤害性的体验，但也因此走出了自欺欺人的迷局。

第四，警惕自卑的陷阱。我们刚刚说到讨厌有可能是源于他人强大，自己弱小。就好像很多孩子上学后，都不能适应学校的生活。他们会在结束了一天的学习之后，回家和爸爸妈妈说自己明天不想去上学了。究其原因，可能是孩子在上学时被某个同学欺负了，被小朋友抢走了玩具，等等。孩子一方面讨厌欺凌者，说他们是坏孩子；另一方面自己又无能为力，只能逃避。所以我们发现，当我们弱小、无力与他人对抗时，只能给对方贴上"坏孩子""霸道不讲理"之类的标签。大人也是如此，有时候我们讨厌的人越多，可能恰恰说明我们内在力量的薄弱。这时候讨厌不会让我们变得更强、更有力量，只会让我们自我逃避。

第四节

嫉　妒

嫉妒与羡慕

很多人喜欢说"羡慕嫉妒恨",似乎这三者是层层递进的关系,彼此只是程度不同。事实上,嫉妒与羡慕背后其实有着不同的心理动力。

设想一下,当我们说嫉妒某人时,我们的感觉是怎样的?或许我们会感觉自己是糟糕的,别人是好的;又或许我们感觉原本自己拥有的东西将要被他人夺取。我们会拿自己与他人做比较、争高低,一旦稍有不足,就会借此来否定自己,忌恨他人。

羡慕更多存在于"我没有但他人有"的场景,更多时候羡慕是因为我们向往他人所拥有的,比如想获得与他人一样的权力地位、物质财富，如果对方是我们的"偶像"，我们还有可能想要成为他，超越他。

有时候羡慕和嫉妒是并存的，当我们感觉收到的礼物不如别人好时，我们会感觉羡慕——他收到的礼物似乎更好，同时也感觉嫉妒——似乎他比我更受大家喜欢。虽然嫉妒与羡慕背后的心理动力不同，但就本质而言，它们都夹杂着些许自我怀疑，也都是在与他人的比较中产生的情感。

嫉妒的两种类型

嫉妒大致可以分为两种：竞争的嫉妒和被无视的嫉妒。

竞争的嫉妒

有一位来访者曾和我分享她和她闺蜜的故事：艾丽斯是一个 25 岁的女性，从小成绩优异，毕业后在国企工作，和一位爱她的先生组建了家庭。她有一个从小玩到大的闺蜜，"像一个魔咒一样"，艾丽斯说，"她好像什么事都压我一头，每次考试都比我考前几名，大大小小的比赛如果我是亚军，她就一定是冠军。高中时她身边有好多追求者，其中一个还是我暗恋的男生。如今我们都有各自的生活和家庭，可这种感觉一直都在。我内心很嫉妒她，甚至有点儿恨她。前段时间她跟我说她离婚了，我虽然替她难过，安慰她，但是心里有另一个开心的声音在萦绕，尤其是想到我有一个爱我的丈夫，我就更加窃喜。她是我从小到大最好的闺蜜，但我对她的一切情感都让我感觉矛盾和冲突"。

艾丽斯的故事可能也发生在我们身上：身边有一个优秀的朋友，我们内心天然会生出嫉妒之心，我们会把这个朋友作为量尺，处处拿自己和他做比较。若是在比较中胜出，或是看到他的不幸，我们就会暗中高兴。也许出于道德或情感，我们不会表露出来，但这种感受会真真实实地存在于我们的内心。若是在比较中失败，我们又会无比自责，觉得自己无用无价值，激发出浓烈的恨意，而这种恨意更多是把自己的无力感用另一种方式呈现。

艾丽斯的嫉妒被我们称为"竞争的嫉妒"。这种竞争最早可以追溯到我们婴儿时期的心理发展，精神分析中称其为"俄狄浦斯情结"。

"俄狄浦斯"这个名字源自一个古希腊神话，俄狄浦斯王子阴差阳错杀死了自己的父亲，娶自己的母亲为妻，弗洛伊德认为这个故事恰好反映了儿子爱母憎父的本能愿望和女儿爱父憎母的本能愿望，所以就以"俄狄浦斯情结"命名，其中的冲突也被称为"俄狄浦斯三角冲突"。

我们每一个人在婴儿时期对同性父母的竞争和排斥，对异性父母的占有和联结的渴望，就是俄狄浦斯三角冲突。艾丽斯竞争的嫉妒原型就来自她曾经和母亲的竞争。

被无视的嫉妒

在《天龙八部》里，马夫人是丐帮副帮主马大元的妻子，金庸先生这样描写她的美貌："她声音清脆，背影苗条，娇怯怯，俏生生，一双眼睛亮如宝石，眉目清秀，相貌颇美，而在眉梢眼角之际，又微有天然妩媚……"如此佳人本该众星捧月人人倾心，但她在乔峰面前碰了壁。洛阳百花会上，纵使她千娇百媚，乔峰也并未正眼看她，嫉妒之心由此而生，她决意毁掉这个无视他的男人，以至于后来在江湖上掀起一阵腥风血雨。

马夫人对于乔峰的嫉妒，正是一种被无视的嫉妒。试想，如果我们一直引以为傲的东西，有一天被我们认为重要的人弃如敝屣，这时内心是何等的煎熬。嫉妒一定是痛苦的，处于嫉妒中，我们不肯放过自己，也不肯放过他人。

法国作家拉罗什福科在《道德箴言录》中说："在嫉妒中，自爱的成分多于爱。"这里的"自爱"更多意义上是对自己的关注，精神分析中称之为"自恋"。简单来说，这句话是说：当我们嫉妒他人时，更多只是在意自己，他人也许只是我们完成自我目标的一个工具，在这样的关系中，我们并没有真正地看见对方，也没有真正尊重对方。

嫉妒背后的争夺

那么，通过嫉妒，我们想要得到什么呢？

首先，嫉妒的争夺是一种获得感的争夺，我们想要补偿他人有但我没有的东西。这里要引入一个精神分析的概念："阴茎嫉妒"（penis envy）。弗洛伊德认为，女孩发展到俄狄浦斯期会对自己的性器官产生兴趣，当她发现自己不像男孩拥有阴茎时，会感觉自己是缺失的，而且这种缺失是天生的，无论如何努力都无法弥补。由此，她的内心中会体验到绝望感或者失败感，当她无法接受这种无力时，嫉妒便诞生了。关于这一点后文会详细讲到。天生身体有残疾的孩子，在关系中也更容易出现嫉妒他人的情况，这是因为他们在更小的时候就感受到了那种无论自己如何努力也无法和别人一样的无力感。

　　其次，嫉妒的争夺是一种价值肯定的争夺。在职场上，同样职位的年轻人做着同样的事情，但是其中有一位被领导更加青睐，似乎在领导眼中，他为这个团队做出的努力更多。那么，这个人就有可能会被其他的同事嫉妒。有一部分人可能会把这种嫉妒转为竞争，而另一部分人有可能转为否认那个人的价值，甚至孤立他。这种争夺，就是价值肯定的争夺。

　　最后，嫉妒的争夺是存在感和被关注的争夺。存在感与被关注，可能对一些人来说无关紧要，但是对于被忽视的人来说，这两种体验是极其重要的。重要到什么程度呢？我曾在网上看过一个新闻，说一家里生了三胞胎，三个孩子长得一模一样，以至于爸爸妈妈都经常搞混。有一次喂饭，老大老二一人被喂了两次，老三却一口没吃到。要知道，对于还在襁褓，只能依赖他人生存的婴儿来说，这一口食物事关生死。若孩子从小被忽视、被区别对待，家长也未能及时觉察自己的疏漏，那么孩子将一直处于低安全感的状态中，更容易产生嫉妒之情。

嫉妒的产生

我们先来看竞争的嫉妒。如前面的艾丽斯对同性的嫉妒一样，嫉妒最初发生在孩子与同性父母之间。在古典精神分析中，女性在俄狄浦斯期会经历四个阶段：

```
前俄狄浦斯期  →  孤独期  →  俄狄浦斯情结期  →  冲突解决期
                              （性欲化）        （去性化）
```

图 2-1　俄狄浦斯期四阶段

前俄狄浦斯期一般出现在 4 岁前，这个时候女孩感觉自己和妈妈是一体的，她会想象自己拥有阴茎，并因此产生一种无所不能的全能感，这个时期的女孩会满足或配合妈妈的一切需要。

随着成长到了孤独期，这时女孩发现自己没有阴茎，与男孩不同，而且并非无所不能，这种挫败感让她感到羞耻，甚至自卑，她会羡慕男孩，同时也会怨恨母亲。

到了俄狄浦斯情结期，这个时期的女孩对父亲会有性欲化表现，会幻想拥有父亲，将欲望指向父亲，比较典型的一个现象是有些女孩在小的时候会说"我想嫁给爸爸""我要和爸爸结婚"这样的话。处于情结期的女孩会产生乱伦焦虑，对父亲的性欲化也让她处于与母亲的竞争中；当她觉得自己不如母亲时，就会产生嫉妒。一个母亲能否接纳来自女儿的竞争，对女儿自我的性别认同尤为重要。一个"好母亲"会允许和接纳女儿的竞争，女儿会在与母亲的关系互动中接纳自己的性别，认同自己女性的身份，并获得身为女性的价值感与自豪感。如果女儿的竞争没有被母亲接纳，甚至被拒绝、否定、打压，则会让女儿陷入自我怀疑。

解决俄狄浦斯冲突需要完成对异性父母的去性化。这时女孩会放弃对父亲的欲望指向，转而寻找其他男性，也会放弃对阴茎的幻想，接纳自己女性的身份。完成这些，也就完成了从女孩到女人的过程。

竞争的嫉妒大多源于三元关系，而被无视的嫉妒则源于二元关系。

精神分析学家梅兰妮·克莱因认为，在成长过程中，我们会经历一个分裂的时期。开始我们认为自己和妈妈是一体的，我们饿了，妈妈会用乳房喂我们；我们哭了，妈妈会来哄我们。但渐渐地，我们发现妈妈并不会满足我们的所有需要，可能我们饿的时候是在深夜，但妈妈还在睡觉，没能第一时间照顾我们，这时候我们便有了"好妈妈""坏妈妈"之分。"好妈妈"是那个可以随时满足需要，让我们拥有愉悦体验的好客体，而"坏妈妈"则是那个不能及时满足我们、忽视我们、无视我们，让我们伤心难过的坏客体。这个"坏妈妈"的角色到后来就成了我们嫉妒的对象。

小时候被重要客体的忽视体验，会更容易激发出我们的嫉妒之心。

无论是竞争的嫉妒还是被忽视的嫉妒，嫉妒都存在于我们身边的各种关系中。

曾经有一位爸爸跟我抱怨，他发现自从孩子出生，他就被妻子从身边赶走了。他忽然觉得自己再也不是妻子生命中最重要的人了。妻子几乎把所有注意力都放到了孩子身上，曾经对自己的照顾也都渐渐转移到了孩子身上，他越想越不对，终于有一天他忍不住去跟自己年仅3岁的孩子摊牌："这个床是我的，你应该睡在你的小床上！"

不仅是爸爸，妈妈也会经历类似的过程。如果一个妈妈幼时在与自己爸爸的关系中受挫，而后又未经处理，那么当女儿与丈夫表现亲密时，就有可能导致妈妈对女儿的嫉妒。尤其当女儿跟爸爸亲近的那一刻，妈妈小时候的那种不受待见的感觉会被激活，并被迫重新体验一次。

嫉妒是一面镜子，让我们以他人为量尺来评价自己；但嫉妒是一面哈哈镜，因为我们在这面镜子中看到的更多的是我们的不足之处。嫉妒同样是一味毒药，它会把我们的亲密关系、有深度连接的关系、由爱连接的关系变成以恨连接的关系。很多骇人听闻的新闻中，当事人就是因爱生妒，因妒生恨，因恨杀人。如果我们没有很好地转化内心的嫉妒，嫉妒可能会成为伤己伤人的利器。

嫉妒的转化

那么，我们如何转化内心的嫉妒？

必须要承认的是，嫉妒之心是我们天然存在的一种本能，是构成人类情感的基本组成部分。

分享一个关于我的嫉妒之心的故事。我在青春期时转过一次学，转学后没几天，同学邀请我参加一个学校级的聚会。聚会中除了有我认识的四个同学，其他人我都不认识，所以当时，我更希望能和他们四个人组成团队。但是很显然，我过于理想化了，那天的实际情况是：他们走进人群后都在各自社交，那位邀请我来聚会的同学在和我打过招呼后，就把我"扔"在一边，而且也没有把我介绍给其他同学的意思。那一刻，我忽然有了一种不被接纳的感觉，我有一点儿恐惧，甚至生出一个念头："我就不应该来参加这个聚会。"看到大家都在享受聚会，我显得格格不入，我先是感觉到阵阵羞耻，随后嫉妒之心开始发酵："他们一定是故意冷落我的。"我开始对他们心生怨怼。

那次聚会后，我和这几个同学的关系并没有变得亲近，尤其是那个邀请我的同学，表面上我们还是同学，但背地里我暗中把他视为学习的竞争者。每当我的成绩比他好那么一点点时，我就觉得十分开心；但是当他的成绩比我高出哪怕只一分，我就会感觉愤怒，尤其那时候成绩公布是张贴在墙上，每次所有人都会围在一起看榜。这时，如果他脸上露出一点点笑容，我都会觉得："他是不是在故意取笑我？"

嫉妒的人一定是孤独的，因为他把自己放在了所有人的对立面，就好像我的这段经历一样。当我再长大一些，回看这个同学，回看这些事情，我发现其实同学并没有做错任何事，他并没有针对我。我和其他人一样，都是收到邀请来参加聚会的人；而且我身为一名新同学，他邀请我来参加聚会也许更多是出于善意，因为他的邀请让我有机会接触更多人，帮助我更快融入新团体。但当时的我都在与自己的嫉妒之心斗争，并没有注意到这些。如果当时我大方地走过去，告诉这位同学："谢谢你邀请我参加这次聚会，我很想认识一些新朋友，可以把他们介绍给我吗？"故事的结局也许会完全不一样。

嫉妒是我们生而为人都会有的感受。坦然承认嫉妒之心，可以让我们不被其控制。我们不需要否认嫉妒，我们需要改变的是处理嫉妒的方式。有些人将嫉妒以一种暴力表现出来，在肢体上伤害他人。也有些人将嫉妒转移到有序竞争中，试图在某种竞赛中赢过对方，超越对方，以此来获取关系中的平衡。这都是我们每个人可以做出的选择。

世界上只有不断追求完美的人，但不会有完全完美的人，如果我们接纳自己的平凡，不去过分夸大自我，也不去过度贬低和否定自我。如果我们能承认自己力所不能及的部分，也肯定和承认自己做的好的部分，我们的生活会更自在，更自由。就像刚刚的例子，当我承认自己当时的恐惧，也去重新理解那个同学的行为的那一刻，我的嫉妒似乎也得到了转化，我不再被他或被我的情绪捆绑，感受到的世界也不再是恶意，而是有了更多的善意。

第五节

厘清关系中间的角色

关系中，每一个角色都是重要的

说到角色，我先给你讲个故事。

我生活在江苏，小时候经常会在一些传统节日里看到舞龙灯。各地龙灯的样子各有不同，但基本都是一个舞者拿着龙珠在前面引导，然后一个人举着龙头，后面几个人举着龙身，最后一个人举着龙尾，一起让手中的龙上下左右翻动，作飞舞之状。

舞龙灯时会有这样一个过程，就是仪队会到住户家里舞一段。这时，拿龙珠的人会先进入房间，接着龙头、龙身也跟着进来；可是那个举龙尾的人一直待着外面，站在门口晃来晃去，就是不进门。所以小时候的我觉得，拿龙珠的人是最威风的，他指挥着整条龙！而举龙尾的人好像可有可无。

长大以后，我再思考整个舞龙的过程，我发现无论是站在前面拿龙珠指导的舞者，还是最后举着龙尾看起来可有可无的舞者，每个人实际上都承载着自己的角色功能，并且都是不可或缺的。

2018年香港金像奖颁奖礼，国际巨星成龙亲自上台，把一个奖项——专业精神奖，颁给了一个在剧组负责端茶倒水的女性。颁奖时，坐在台下的刘德华带头起立并鼓掌，全场所有明星随即也都站起来为她鼓掌，风头一度盖过领奖的其他明星大腕。

这个女性是谁？专业精神奖是什么奖？

后来我知道，这位获奖者叫杨容莲，大家都称她"莲姐"。她既不是明星，也不是幕后制作人员，但影视圈内的人都认识她。她就是个普通得不能再普通的茶水工，每天负责为剧组里的每个人端茶递水，可她一干就是30多年。无论春夏秋冬，她总是适时地为大家递上一杯温度适宜的茶水。她费心地记住每个人的喜好，从不怠慢任何一位演员、剧组人员，真正做到了以诚相待。

把一件小事做到极致，一位茶水工也能在自己的岗位上做出掷地有声的成绩。在这个角色上面，所有人都认可她的贡献，为她数十年如一日的坚持与敬业动容。

很多时候，我们觉得一些角色在关系中不重要，或者存在感比较低，其实他们都是整个关系中不可或缺的一部分。就像戏剧行业中流传着的那句话一样：没有小角色，只有小演员。在家庭中、职场中，这句话也都同样适用，无论每个角色贡献大小，他们都各司其职，在整个系统中发挥着作用。

理清关系中的角色定位

我们在面对任何一段关系时，都会想到自己在其中的角色。比如：在和父母之间，我是儿子的角色；在和孩子之间，我是父亲的角色；在和工作伙伴之间，我可能是一个领导的角色，也可能是一个朋友的角色，等等。与此同时，我们面对任何一段关系时还要明白，我们的角色在其中涵盖了哪些内容，或者说这个角色对于我们来说意味着什么。

举个例子，我在咨询过程中发现，在一些亲密关系中，妻子经常会指责丈夫，抱怨他根本不像个男人、不是个合格的丈夫，并大吐苦水。这就意味着，在妻子眼中，丈夫在家里所扮演的角色并没有达到妻子的期望，或者说没有做出符合妻子期望的贡献，有时甚至还会给家庭添乱。

这就提醒我们，无论是作为丈夫，还是作为关系中的其他角色，都要理清自己在关系中的角色定位。就像一台戏有台本一样，台本中的每个角色都有自己的性格特点，也有自己的角色道具、化妆、服饰、台词，以及该角色何时入场、何时出场、需要发挥哪些作用，等等。一旦你进入自己的角色后，你会发现这个角色给你带来的影响。但不管是什么样的角色，通常都具有以下三个特点：

第一，每个角色都有自己的功能。

在生活中，每种物品都有它特定的功能，角色也一样。以女性为例，她在不同关系中的角色也都发挥着不同的功能。她是父母的女儿，小时候接受父母的养育，长大后要孝敬年迈的父母；她是丈夫的妻子，需要和丈夫相互关照，彼此扶持；她是孩子的母亲，需要养育孩子到 18 岁成年；她是公司的职员，需要保质保量地完成自己的工作，等等。这些功能有的来自天性，比如作为母亲，哺育孩子就是她的天性；有的则来自社会的公序要求，比如身为社会的一分子，需要为社会做出贡献。

第二，每个角色都有相应的权利。

不同的角色具有的功能不同，拥有的权利也不同，父母有管教孩子的权利，孩子有受教育的权利。夫妻有平等处理夫妻共同财产的权利，双方共享收益，共担风险。这都是不同角色拥有的权利。

第三，每个角色都有特定的价值。

在关系中，每一个角色都是有价值的，有价值就代表有贡献。对于每个人来说，当你要与他人建立关系时，一定会考虑对方能给你带来什么样的价值和贡献，否则你不会费心去建立并维护关系。而每个人想要别人给予自己的价值和贡献是不一样的，有的人得到别人的一句夸奖就能心花怒放，有的人得到别人深厚的恩惠却仍然感到不满足。

有些时候，我们可能会听到有人说："他真是一点儿用都没有！"在亲密关系中，这句话说出来的那一刻，就意味着这段关系到了边缘，因为你已经看不到对方的价值了。同样，如果我们被这样对待，也意味着我们的价值无法再被他人看见，我们在这段关系中失去了自我价值。这令我们感到痛苦和委屈，为了证明自己的价值，我们可能会运用各种各样的方式，甚至做出极端行为。

举个例子，我有一位朋友，他告诉我说，他妈妈自我价值感比较低。在家里，妈妈一直觉得自己是个"老妈子"的角色，经常抱怨自己是一家人的保姆，家里大事小情都需要她来操持。每当他和爸爸都在家，哪怕坐在沙发上看一会儿电视，他妈妈就一定会把吸尘器开得很响，然后在他们面前搞卫生，边搞卫生边抱怨："你们看看这脏的，要是没有我，你们每天就只能住在猪圈里！"如果他和爸爸起身去卧室，她就会跟到卧室去搞卫生，并且继续说："看你们把房间搞得这么脏！"如果他们去厨房，她就再去厨房搞卫生……总之，她一定要在丈夫和儿子面前做事，并且还要抱怨他们不肯做、太懒。如果他们告诉她："你可以不用做，我们自己也能做！"她不仅不认同，还会更加生气地反问："你们能做什么？"然后继续边做边抱怨。这位朋友问我，他到底该怎么做，才能让他妈妈不再这样？

实际上，这位朋友之所以不能理解他妈妈的行为，是因为他不在妈妈的这个角色当中，也没有看到这个角色的需求，所以才不知道该怎么办。而我给他的建议是，跟妈妈说三句话，第一句话是："是的妈妈，如果没有您，我根本就不可能出现在世界上。"其次告诉她："如果没有您，我感觉自己的生活真是太难了！"最后再告诉她："这个世界上没有谁会像您一样对待我，您就是我生命中最重要的人。"

这三句话，本质上是在肯定妈妈的价值，但这里有个问题，就是当一个孩子停留在被妈妈指责的角色中时，他是不愿意费心思地哄妈妈的。所以，我猜他最终可能也没能对妈妈说出这些话。

你看，这就是关系中一些很矛盾的地方，我们明明知道这样做是对的，但就是不做；我们也明明知道那样做容易引发矛盾和冲突，却又偏偏那样做。为什么呢？原因就是我们身上有着多种多样的角色，我们期待对方能够看到我们的角色，而这些角色之间又有着很大的差异，存在很多的冲突。

关系中的越位与揽责

纵观我接触的个案，以及多年来对人与人之间关系的研究，我发现，在角色的权利中有两种情况特别影响关系的和谐，经常会引发一些问题。这两种情况一个是越位，另一个是揽责。

什么是越位？

简单来说，就是这明明不是你的分位，不该由你来管，你却偏偏去管。一个成年人如何从青涩走向成熟是他自己的事,但总有些人喜欢扮演老师、领导或家长的角色,去给予这个人各种各样的所谓的成长指导。其实我们内心都很清楚,对方是一个可以自己成长、自我负责的人,但总是忍不住想要代替他行使这个权利。这就是一种越位的表现。

什么是揽责?

举个例子,现在很多家长都会陪孩子写作业,还经常被孩子的作业问题搞得焦虑万分。而实际上,作业属于谁的责任?属于孩子的责任,家长的介入其实是把本该由孩子承担的责任揽到自己身上了。这就是在揽责。

我经常跟孩子说的一句话就是:"写作业是你的责任,也是你必须要做的事情,这件事我不管,你要自己承担这个责任。"然后我发现孩子自己也能做得很好。

但有些家长就很焦虑,担心孩子作业写不好,或者发现孩子作业没写好,就赶紧去跟老师解释。为什么要你去解释呢?这是孩子的事情、孩子的责任,过度揽责只会让孩子更加无法独立完成作业。

所以你会发现,在关系中,很多人经常弄不清自己的角色是什么、权利是什么,做事也很容易越位或揽责。这是很多人在角色中产生混乱的一个重要原因,也就是我们常说的缺乏边界。

厘清关系中的自己

曾经有人问我："如何才能建立一段平等的关系？"

我反问他："你想要的平等是什么样子的？"他一时语塞，不知道怎么解释。

实际上，每个人对平等的理解都是不一样的，每一种角色也都有不一样的平等。作为孩子的角色，平等是父母能够尊重自己，把自己看成一个独立的人，或者能让自己获得与兄弟姐妹一样的对待。作为一个妻子，对平等的理解可能就更不一样了，由于男女之间的天然差异，绝对的平等难以实现，只能寻求相对的平等，把各自在家庭中的贡献和价值最大化，让每个人都发挥相对完整的功能，这种平等才有可能发生。也就是说，夫妻之间的平等，需要彼此双方能够在关系中相互配合，否则，你们的关系就很难真正平等。

当我们想要寻求关系中的平等时，其实要的可能只是对方的一个积极的回应或及时的满足。但如果我们内心中还住着一个孩子的话，在要求这种回应和满足时，就又会导致关系中角色的混乱。

心理学家伯尼尔在"交互分析疗法"中把人格分为三种状态，分别为孩子状态、成人状态和父母状态。如果我们把自己当成孩子，使自己处于孩子状态，对方就很容易用父母状态来匹配我们，这时原本平等的关系发生了倾斜。孩子状态代表我们希望

恰如其分的孤独

能有他人（父母/客体）为我们的感受负责。比如："我不开心了，你要哄我开心""我闯祸了，你要为我收拾烂摊子"……这样的行为看起来轻松，但实际上是放弃了关系中平等的权利。而角色一旦不平等，关系往往也开始混乱，因为既然我为你负责，那么我就有一些权利能帮你做主，替你做决定。这也是很多"妈宝男"没有能力独立，无法自己做主，只能听从妈妈的状态。一个成年人，只有能够为自己的情绪和感受负责时，角色才会平等，也才有可能建立一段平等的关系。

在我经手的个案中，我经常会问来访者这样一个问题："你在婚姻中的亲密关系是属于谁的？"很多人会回答说是属于"我们俩"的，这个回答没错，但同时我们也要看到，这段关系除了"我们俩"，也同样是属于我的。如果两个成年人在婚姻中彼此推责，事事都要对方为自己负责，那么这段关系就很难成为彼此的滋养，反而会成为双方的负担。如果有了孩子，还有可能成为孩子的负担。角色功能不良的家庭，容易养成功能不良的孩子。

什么是功能不良？

简单来说，就是父亲没有发挥父亲的功能，母亲也没有发挥母亲的功能——父亲和母亲可能都在扮演着孩子的角色，没能好好行使父亲母亲角色的权利。

以前文那位边做家务边抱怨丈夫和儿子的妈妈为例，我相信她所扮演的就是一个为家庭付出的人，她感觉很受伤、很委屈，甚至在指责的背后还有很多愤怒的情绪，她需要别人来承认她的贡献。但问题在于，她又不愿意换掉这个角色。哪怕她的丈夫和儿子说，"你可以不用做这些"，她也不肯放弃。她在家庭中扮演的不仅仅是一个妻子、一个母亲，而是一个没有被很好对待、受伤的、不停付出的角色，并且她也会在无意识中认同自己的这个角色。

我后来与这位女士有过短暂的沟通，我问她："既然你感觉这样很不开心，为什么还非要做呢？"她说："没办法呀，他们都不负责任！老公就像个孩子，什么都不管，而且婆婆也让我多管管他——是他妈妈把管教他的任务丢给了我，我不能不管他。"

但我觉得事实并不是这样的，我告诉她，可能她的内在渴望有一个事事照料自己的妈妈，因此自己在家庭关系中便扮演了这样的妈妈。也就是说，这个角色是她特别渴望但又没能获得的，也就是我们所说的内在匮乏的状态。所以，当她在做这一切时，自己的内在其实也在无意识地认同某个形象，并把这个形象理想化了。这样做的结果，就是导致整个家庭中各个角色的混乱和彼此的冲突。

如果我们没有厘清关系中的自己期望的角色和扮演的角色之间的差别，那么我们就弄不清自己的角色到底是什么，也意识不到自己扮演着不同的角色，所有的角色加起来才是我们自己。这些角色会在我们身上不断循环，并且每个角色都有它们不同的功能、权利、情感价值、获益、责任以及义务。

所以说，很多时候，并不是关系给你带来了内耗，也不是他人给你带来了焦虑，而是身处这些关系中无法平衡而让你自己焦头烂额。明白了这个道理，我们就要多从这个角度去观察自己，厘清各种关系中自己所扮演的角色，以及这些角色给自己带来的影响。

第三章

重新面对冲突

第一节
自我价值感冲突

付出者的内心冲突

之前听过一首歌，歌词中写道："对你付出这么多，你却没有感动过。"短短的两句话，就道出了所有爱而不得、付出却得不到回报的人的心酸与无奈、孤独与失意。回顾过往，在与他人相处的时候，你是否也曾有过一味付出，却得不到回应的酸楚时刻？是否也曾遇到过对方一直和你强调他的付出的尴尬境况？

这一节我想要讲的就是付出者。什么样的人容易成为付出者？付出者的内心冲突是怎样的？付出者最想要得到的是什么？……

大学毕业后，父母叮嘱初入职场的我说："你一定要好好表现，勤快一点儿，尽量比别人早一点儿到办公室。自己分内的工作认真完成，别人的工作也要多多帮忙。"遵照父母的嘱咐，我会比所有人都早到公司，打扫干净办公室，帮同事接好热水，等同事陆续到了还要告诉他们："有什么需要帮忙的，尽管来找我。"之后我就发现，在工作时间里，甚至在工作时间外，我做了太多非我分内的事情，我付出了大把的时间和精力在帮他人做事上，这让我心中难免有些不平衡，但就在听到他人对我的认可和肯定的那一刹那，这一点点不平衡被吹得烟消云散。在这个过程中我时刻担心的，就是他人对我的付出视而不见，或者对我的评价是负面的。

从那个时候开始，我身上就可以看出付出者的样子，比如向他人极力证明自己的价值，渴望得到别人的肯定评价和积极反馈。精神动力学中定义人内在的冲突之一就是自我价值感冲突，拥有自我价值感冲突的人面对的主要问题是：我的个人价值在客体眼中是否被承认？其恐惧是害怕自己没有价值。

绝大多数付出者的内心冲突是自我价值感冲突。人们一般通过两种方式来确定自己的价值，一种是通过外界，另一种是通过自己。但这两种方式是有先后顺序的：当我们还没有形成稳固的自我形象时，就需要通过外界对我们的评价和反馈，来勾勒我们内心的自我形象。

举个简单的例子，小孩子在成长过程中很喜欢问问题，尤其是关于自己的问题。比如画完画以后，很多孩子会问爸爸妈妈，"我画的好看吗"；搭完积木，会问身边的其他人，"这是我搭的大桥，我厉害吗"。这些问题都是孩子在做自我确认，如果接收到的回应是正向的，那么孩子会对自己形成一个积极的自我形象；时间一长，孩子便会在内心形成稳固的自我形象。如果孩子接收到的反馈是负面的，那么孩子的自我认知则是消极的，不稳定的。

付出者的三个特点

第一，喜欢强调自己的贡献。我们常听到一句俗语："没有功劳，也有苦劳。"这好像是每一个典型付出者时常挂在嘴边的一句话。就像一个帮儿子儿媳照顾孙辈的老人，可能因为两代人之间的育儿理念不和，在与儿子儿媳发生矛盾时，常常会倾诉自己带孩子是多么的不容易，不仅要牺牲自己所有的时间全心全意地陪伴孙子，还要给外出工作的儿子儿媳做饭，一点儿也没有享受退休之后的生活。

很明显，当我们将自己定义为一个付出者时，我们就习惯向他人强调自己的价值和贡献，而且需要对方也一样认可我们的价值。对方是否愿意承认我们的贡献，这是付出者最担心的问题。

第二，容易否定他人的付出。有些父母经常抱怨孩子不听话、不懂事、学习成绩不理想，认为孩子一无是处，对孩子的亮点视而不见。相比之下，作为父母的他们却辛劳付出，比如为孩子报了多少个学习班，花费了多少时间接送孩子，因为需要照顾孩子而放弃了很好的工作机会等。他们无限放大了自己的价值，却忽视了孩子的付出，他们忘记了很多个下班后的夜晚，孩子想要为疲惫的他们捏肩捶背；很多个普普通通的周末，有孩子的陪伴才多姿多彩；很多个失落的瞬间，因为孩子一句童言无忌的话语茅塞顿开……否定孩子的价值不仅会让孩子感觉内疚和羞耻，还会让孩子自卑，甚至自暴自弃。

傅首尔曾讲过这样一个很让人动容的故事："我十岁那年，吃到了人生中第一块生日蛋糕，奶油又香又硬。我妈在旁边看着我吃，告诉我这个蛋糕有多贵，为了满足我这个愿望，她得吃多少苦。"被父母的牺牲感、愧疚感绑架的孩子，哪怕从父母那里得到的是礼物，也是带着刺的礼物。

第三，在关系中有更强的掌控感。为什么很多付出者都喜欢说我的付出不需要回报？原因很简单，因为一旦接受了他人的回报，他们和对方的关系就平等了，他们在道德上的优越感就不复存在了。而作为一个付出者，他们需要的感觉是对方对自己有所亏欠，所以他们的自我牺牲在某种程度上来说是为了在关系中获得更强的掌控感。

付出与索取

很多中国家庭中的妈妈，常常扮演着付出者的角色。她们要兼顾工作与家庭，每天忙里忙外，没有时间娱乐和休息。反观其他家庭成员，孩子没有自理的能力，凡事先开口叫"妈"；孩子的爸爸下班回来往沙发上一躺，安然地刷着一个又一个短视频，根本不帮忙。妈妈时常抱怨孩子不能独立，让她操心；孩子的爸爸仿佛失聪又失明，听不到叫他帮忙的声音，也看不到家里需要干的活。通常遇到这样的来访者，我会问她："在这样的关系中，你得到的好处是什么？"起初她会抗拒反驳，说："我怎么可能有好处？"但当她冷静下来，真正问自己的时候，她发现其实是她将丈夫与孩子置于了索取者的位置。

生活中，她可能出于对丈夫的爱与关心，在丈夫工作一天后回家，什么活也不让他干；可能出于对孩子的不信任，觉得他没有照顾自己的能力，所以大包大揽，什么都由自己来负责。长期处于这样的模式下，孩子和爸爸自然而然就成了索取者。孩子不听话了，妈妈就和孩子讲自己多么辛苦，多么不容易；和丈夫吵架了，妈妈就强调自己的牺牲和价值，控诉对方对家庭贡献少。而作为索取者的一方，因为离不开付出者，或者离开付出者会让他们心怀愧疚，也会在关系中多方面权衡。

直到有一天，索取者幡然醒悟，孩子开始自觉地完成作业，不再需要妈妈催；丈夫开始做家务，让妻子不再那么辛苦。这个时候自我价值感低的付出者就发现，自己的存在似乎没有意义了，就像台下没有观众的演员在自说自唱，再也不能从他人眼中找到自己的价值。

亲密关系是一种合作关系，无论是伴侣还是亲子，都是如此。如果我们在关系中充当一个绝对的付出者，那么这不仅会让我们深陷痛苦，也在无意间把对方定义成了一个只知道索取的自私的人。

人际关系中有一种模式被称为"角色互换模式"，有点儿类似于精神分析中的"施受虐模式"。举一个形象点儿的例子，一个孩子被恐吓，他觉得对方要伤害他，感觉很害怕，于是他就闭着眼睛挥舞着拳头想要保护自己，他的目的就是不让对方靠近他、伤害他，但他并没有想到挥拳保护自己的动作，有可能也会伤害到其他人。这样的人，既可以把自己定义为受害者，又可以把自己看作迫害者。一个受虐的人可能同时也是一个施虐的人。我们说的人际关系中的逆转模式也是这个道理，一个付出者同时也可能是一个索取者。他索取的是他人对自己的肯定和认可，如果他人无法给出如此反馈，他就会把对方定义为一个不懂感恩、只知道在意自己的人。

付出者的内在其实是非常自恋的，他们认为自己的付出就理应获得感谢和褒奖，如果对方没有给予他们这样的回应，他们就会不断地强调自己的付出，让对方感觉内疚和羞愧。就像一个溺爱孩子的妈妈，每天无微不至地照顾孩子，满足孩子的所有需求，但随着孩子慢慢长大成人，希望有自己的空间，不再需要妈妈连自己吃什么穿什么都要过问的时候，作为付出者的妈妈就会和孩子哭诉自己为他付出了多少，让孩子不敢再脱离妈妈的管控。所以我常说，溺爱是一种牺牲自己的付出，它的目的是更好地控制。

我之前也不理解有的孩子给父母买东西时，个别父母的反应不是感到欣慰，而是挑剔。"这件衣服不好看，颜色我不喜欢。""这个东西不实用，还这么贵。"……明明是孩子的一份心意，却总能挑出错来，不能坦然接受。后来我想到原因：因为父母一旦心满意足地接受孩子的礼物，他们就不再是绝对的付出者了，他们的自我价值感被剥夺，也就失去了站在道德制高点上掌控关系的权力。

过度付出者的内心是孤独的，因为他们心中隐藏着巨大的秘密——自我价值感低。长期的自卑心理让他们觉得自己百无一用，非常羞耻、无力和空虚。所以他们更想要多多付出，给他人提供价值，并从外界获得对自己的肯定。就像我刚刚进入职场时，拼命地完成自己分内的工作，再帮助他人做好工作，就为了听到别人说："这小伙子不错，挺能干的。"很多在被忽视的家庭中成长起来的孩子，或者经常被爸妈否定的孩子都会出现这种情况。

很多退休后的老人也是这样，明明不愁吃穿，儿女孝顺，但还要出去捡一些空水瓶、纸盒子，卖了换钱；儿女家里本来想种花的小院子，非要种一些蔬菜，日日施肥浇水，只为让儿女吃上绿色蔬菜。这些老人的付出是想证明自己虽然不能再工作了，但还是一个可以创造价值的人，他们不敢让自己心安理得地休息或者享受别人的照顾。

如何与付出者相处

第一，肯定付出者的价值和贡献。在关系中，我们不能忽视付出者的价值和贡献，不能否认我们因为他们获益。比如我的助理在我上班前会帮我打扫干净办公室，倒好一杯水，这时我通常会向他表示感谢。肯定他人的付出是一件一举两得的事情，不仅能让对方获得良好的回应或反馈，也可以让关系更加稳固和谐。

第二，承认付出者的重要性。在一段优质的关系中，付出者的存在是非常重要的，大多时候付出者与接受者的角色是流动的。一个呱呱坠地的孩子，是因为父母无微不至地照料才能健康成长，而当孩子长大成人之后又能反过来照顾父母；一个在外拼命工作的丈夫，因为有了贤惠的妻子，才能家庭温馨和睦，而丈夫也在家庭中承担了更多的经济价值提供。如果你身边有一个处于付出角色的人，你可以向他们真诚地说一句"有你真好"，看看他们如何回应。

第三，好的关系是价值互换，付出者同样渴望被看到。我们承认了对方为我们提供的价值，也要告诉对方我们愿意为对方提供价值。告诉对方"我很在意你的感受，如果你愿意表达自己的需求，我也很希望能为你做些什么"。

　　　　　　　　　　　　　　　恰如其分的孤独

第二节
内疚感冲突

罪恶感、内疚感与愧疚感

我之前参加过一个精神分析的中德交流班，德国的老师说，西方人更容易有罪恶感，而东亚人，比如日本人、中国人则更容易产生内疚感。其原因是中西方的文化差异。西方文化更偏向于宗教，而东方文化更多偏向于关系和"人情"。罪恶感是以法律作为标准，违反了法律、法规甚至宗教，对他人造成了伤害，就会产生罪恶感；而内疚感则是来自道德层面，如果我们违背了与他人的约定，或某些约定俗成的理念，就会产生内疚感。

而内疚感和愧疚感就比较相近了，德国老师举了一个很形象的例子，一个小孩子因为失足落水，河边的一个人看到了，就准备下水去救。虽然水流湍急，但他还是不顾自己的安危把小孩子救了上来，而他的腿被河里的石头划伤了。小孩子的家长看到救人者流血，心里的感觉是非常愧疚。如果结局是救人的英雄因为下水去救小孩子而不幸去世，那家长的内心就是内疚了，甚至会内疚一辈子。所以我们说内疚和愧疚程度不同，内疚涵盖了愧疚，是一种更深层次地向内问责。

容易内疚是因为边界感不强

我小时候是看不得我妈妈哭的，一看到她哭我就手足无措，会觉得她的痛苦和伤心是我造成的，可事实上那时候妈妈的痛苦绝大多数其实和我没有关系。可当时我还分不清这些，妈妈的眼泪让我感觉很无力，一心只想着如何让妈妈不那么难过，用尽各种办法哄妈妈开心，于是我只能好好表现，扮演一个乖巧听话的孩子。

中国传统文化中非常注重对人际关系的培养，讲求关系的"人情"维系，所以在相处中很容易产生边界感不强的情况。边界不清，责任就不清，责任不清，关系就很容易成为一团糨糊。自责常常是因为揽责，由此又会导致内疚。很多负责照顾小孩子的父母也是如此。小孩子刚学会走路，跌跌撞撞，磕磕碰碰在所难免。但有的父母会因为孩子摔倒了，磕破了皮而内疚，他们责怪自己没能看护好孩子。我们常说："为了别人的错误而惩罚自己"，容易内疚和自责的人，恰恰是那些对边界不清晰的人，他们常常会因为内疚让自己深陷痛苦。

冯小刚拍的电影《唐山大地震》，以1976年中国唐山发生的7.8级大地震为故事背景，由徐帆扮演的元妮在这场大地震中先是失去了自己的丈夫，又被迫要在救儿子还是救女儿之间做出生死抉择。元妮的儿子方达因为在地震中微弱的喊声，被母亲"有选择"地救下，但失去了一条胳膊；女儿方登则因为母亲选择了救弟弟而自卑伤心，直到30多年后，她还在责怪妈妈当初为什么选择了救弟弟。

再看回元妮，在这场地震之后她一直活在内疚中，觉得丈夫和女儿都是因自己而死（当时她不知道女儿已被救），所以她要赎罪。她不允许自己活得好。电影快结尾的时候，女儿问元妮："妈，这么多年，你是怎么过来的？"在丈夫墓前，元妮说："我过得挺好的。"女儿问："女人这一辈子，有几个三十年啊？"元妮解释说："我真的过得挺好的，我要是过得花红柳绿的，就更对不起你了。"

英国心理学家斯蒂芬·乔瑟夫将产生幸存者内疚的原因归纳为三类：别人面临生命危险，甚至失去生命，而自己平安无事；觉得自己没有能力拯救其他人，只顾自己苟活；面临危险时，自己通过自救幸存了下来，回顾往事时，却觉得自己抛弃了那些没有逃离危险的人或者抢夺了别人幸存的机会。

元妮的表现就是典型的幸存者内疚，即使地震留下的废墟已经重建，但元妮心里一直是千疮百孔。元妮只有破坏自己生命的美好，让自己一直处于痛苦之中，才能允许自己苟活下去，她不接受儿子给自己买的房子，也不接受别人对自己的帮助，每天奔忙，让自己没有时间思考和感受情绪，以此来作为自我惩罚的方式。地震 23 秒，余震 32 年。内疚的人，总是在自伤或自毁，他们只有不停地为对方付出或者让自己处于痛苦之中，才能让心里觉得舒服一点儿。

容易内疚源于幼年被对待的方式

我曾接待过一位女来访者，她说出生时因为是女孩，她被爸爸嫌弃，被奶奶骂，从小到大都不受家人宠爱，一直被忽视。奶奶因为她是女孩不喜欢她，妈妈因为她被别人看不起，所有的委屈和怒火只能朝她发泄，所以她一直活得小心翼翼。那时候看到妈妈偷偷抹眼泪，她就会认为妈妈伤心都是自己造成的。她只能刻苦学习，拼命帮妈妈干活，成为父母心中想要的那个孩子的样子。直到成年后，她离开家外出上大学、工作，她都一直保持着这份小心。她不断地给家里寄钱、给妈妈买衣服，只为能让妈妈能开心。在和同学、同事相处的过程中，也一直以一个付出者的姿态来凸显自己的价值，时常担心犯错，特别容易内疚。

性别问题似乎成了一种原罪，家人对她性别的不接纳让这个女孩认为别人的痛苦都来源于她。父母吵架时的每一句指责也深深地扎在她的心里，她一直想向妈妈证明：我的出生虽然给你带来了痛苦，但同时也能给你带来幸福的体验。后来她的妈妈生病住院了，很不幸，是绝症。于是她就放下了工作、孩子，去妈妈身边没日没夜地照顾。照顾的过程中，她一方面心疼妈妈，另一方面却感到内疚和自责，因为这次她没有办法帮助妈妈摆脱痛苦。

长时间的压力和情绪低落让她身体日渐消瘦，身边的亲戚朋友都劝说她回去休息一下。她就特别不放心地把照顾妈妈这件事交代给了其他的兄弟姐妹。不巧的是，妈妈在她回家休息的第二天去世了。她照顾了这么久，却没有看到妈妈最后一眼，这让她感觉晴天霹雳。妹妹和她说："妈妈走之前还不停地念叨你的名字，可惜你不在。"这更加重了她的内疚。

因为妈妈去世的事情，她整整两年吃不好也睡不好，体重从120斤掉到了80多斤，身体也是每况愈下，不得已她才听从丈夫的建议，寻求心理咨询的帮助。在咨询的过程中，我发现她把妈妈的去世完全归责于自己，她觉得如果自己一直照顾妈妈，妈妈就不会去世，而且对妈妈去世时自己没有在身边这件事耿耿于怀。内疚和自责让她已经没有办法用理智去想明白，妈妈的去世是因为疾病，而不是她。

很多人容易内疚都是他们幼年被对待的方式造成的。假如一个妈妈感觉不舒服时，能够告诉关心自己的孩子"妈妈不舒服是因为今天太冷了，和你没有关系，妈妈吃完药休息一会儿就好了"，而不是"这都是因为生你落下的毛病"，她就不会认为妈妈的痛苦是自己造成的。但很多父母会用这种方式去牢牢地控制孩子，暗示孩子，让他们内疚，从而变得更听话、更懂事。但殊不知，这样也会让孩子倍感压力。

内疚是一种自我攻击，攻击的力度过大，就容易造成青少年心理、情绪的崩溃，甚至出现轻生的悲剧。很多父母在孩子轻生后，去学校闹，找老师闹，他们不是不知道悲剧产生的原因和他们对待孩子的方式有很大关系，而是他们也在逃避内疚，不敢面对真相。孩子的思维很简单，就是"父母让我感受到了极大的痛苦，那我也要让父母陷入极度的后悔与内疚中"。我常说我们被对待的方式会变成我们对待他人的方式，同样，如果父母经常用内疚来控制自己的孩子，孩子最终也会用内疚来控制父母。

如何与内疚感相处

第一，厘清边界。很多人是不是都有这样的经历，坐在旁边的同事今天不开心，你就会怀疑是不是自己说错了哪句话？看见身边的人哭，不管是不是因为自己，都无法视而不见？朋友找你借钱，但你因为某些原因没能帮忙时，就觉得是自己错了？其实这些都是边界感不足的表现。婴儿是没有边界感的，在他刚出生时，是不能分清楚自己和妈妈不是一体的。但作为成年人，我们必须要厘清边界——承担自己应该承担的责任，同时也要避免往自己身上揽责。他人的情绪应该由他人来管理，要学会温和而坚

　　　　　　　　　　　恰如其分的孤独

定地拒绝他人。以下是建立个人边界的五个维度。

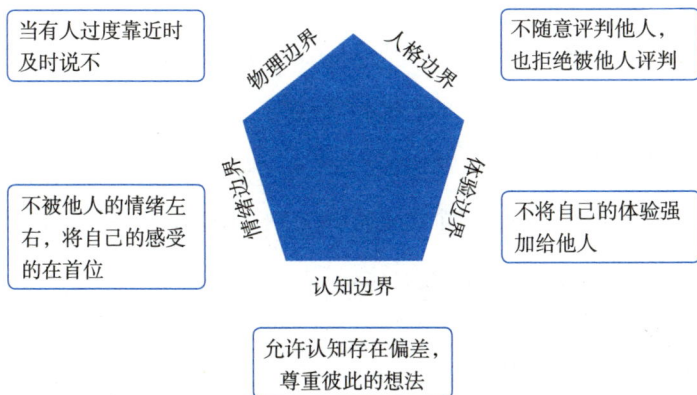

当有人过度靠近时及时说不

不随意评判他人，也拒绝被他人评判

不被他人的情绪左右，将自己的感受的在首位

不将自己的体验强加给他人

物理边界　人格边界

情绪边界　体验边界

认知边界

允许认知存在偏差，尊重彼此的想法

图 3-1　个人边界的五大维度

第二，不要做完美的好人。《操作化心理动力学诊断和治疗手册》中提到，拥有内疚感冲突的人面对的主要问题是：我有罪吗？其恐惧是害怕自己犯错，不够完美。很多人就是因为把自己定义为一个完美的好人，所以才容易内疚。他们认为自己无所不能，可以照顾好身边每一个人，做好每一件事，所以当出现一点儿小差错时，他们就容易内疚和自责。但如果他们可以认识到自己只是普通人，不能尽善尽美地处理好每一件事，只能尽力而为，不能对所有人的情绪负责，也许内疚和自责就会少很多。

第三，自我负责。在一段伴侣关系中，如果妻子总是嫌弃丈夫没出息、不上进，没有办法让自己和孩子过上富裕的生活，因此一而再、再而三地指责丈夫，让他内疚，那丈夫会作何选择？

或者在一段伴侣关系中，丈夫没有时间陪伴孩子，却处处指责照顾孩子的妻子做得不好，让妻子感觉内疚与自责，那妻子又会作何感想？很多人为了缓解或消除自己的内疚，喜欢将责任一股脑地推给别人，指责别人的时候相当娴熟，通过让对方内疚的方式来控制对方。

但我们要知道，一个需要通过内疚控制他人，让他人为自己负责的人，迟早也会被内疚反噬。

第三节

安全感与控制欲的冲突

什么是安全感

我曾在一次调研中看到过很多人关于什么是安全感的答案。有人说，解决了温饱，不生病，就有安全感；有人说，不被背叛，不被抛弃，就有安全感；还有人说，在集体中感觉自己被接纳，就有安全感……事实上，每个人对安全感的理解和获取安全感的途径都不一样。

美国著名心理学家亚伯拉罕·马斯洛提出的需求层次理论将人的需求分为五类：生理需求、安全需求、爱与归属、尊重需求和自我实现（如图3-2所示）。其中，直接关系个体生存的需求被称为缺失需要，这一类需求得不到满足时将直接危及个体的生命；另一种高级需求不是维持个体生存所必需的，但是满足这种需求可使人身心健康、长寿、精力旺盛，所以也叫作生长需要。

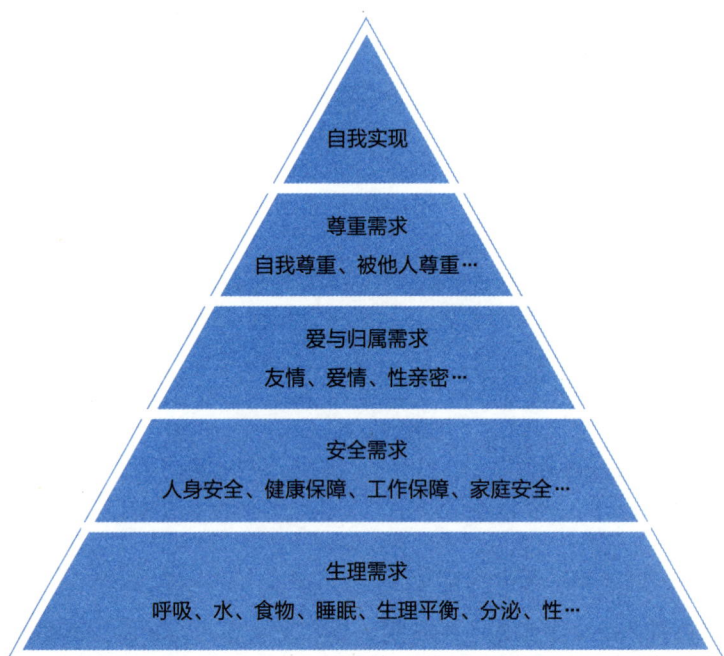

图3-2　马斯洛需求层次理论

　　生活中，我们的所有活动以及人际关系都需要安全感来为我们提供支持。就像疫情时有些人捕风捉影，听到一些小道消息，就赶紧去超市抢菜、囤米囤面。其实对他们来说，这些抢购行为也是为了满足自身的安全感，让他们觉得安心一些。

　　获得安全感可以缓解我们的恐惧与焦虑。

　　安全感主要来自两个方面：一个是确定感，一个是可控感。

简单解释一下这两种感觉。如果我得过水痘，那我大概率可以确定我之后不会再得水痘，因为水痘这种疾病通常一生只会得一次，这个就是确定感；而可控感是我们通过自身可控的行为去获得安全感，就像我们主动去接种新冠疫苗，虽然接种不能起到百分之百的防护作用，但会增强我们抗病毒的能力，让我们提高一点儿可控感。

其实，在生活中时时刻刻都在发生这两种体验。我有个朋友因为工作经常要出差，每一次出差他带的行李之多犹如搬家，枕头、床单、毛巾、马桶垫、消毒液他全部都要带上。他说，他觉得酒店不干净，如果不带上自己的物品，他会睡不着。我之前有一个助理出差时每次都会带阻门器，虽然酒店每个房间都有门锁，但阻门器会让她觉得更加安全。实际上，他们都是在用确定的东西去抵抗未知，通过可控的方式增强自己的安全感。

安全感缺失带来控制欲过剩

在亲子关系中，常常出现这样的场景：妈妈不断地提醒孩子该写作业了、该关电视了、该上床睡觉了……那种对时间的把控甚至会精确到每一分每一秒，还有 5 分钟，还有 3 分半，还有 1 分钟，不停地催促孩子。妈妈通过这种控制的方式管教孩子，孩子觉得十分不自由，可一旦不按照妈妈说的做，妈妈就会体验到一种失控感。这种失控会让妈妈的安全感缺失，感到焦虑和恐慌。而越缺乏安全感，就越想要控制，因为她不相信自己的孩子能够自律。

我之前和一个朋友约着一起打球。朋友是一个时间观念非常强的人，一旦我们约好时间，他一定会安排好自己的事情，不会迟到或者缺席。所以我从来不会一遍遍地和他确认打球的时间有没有变动、他是不是已经出门、路上堵车他会不会迟到……但如果我是一个缺乏安全感的人，那可能就不同了，我会无数次地跟他确定他是否会准时出现在球场，和刚才讲述的那个妈妈一样。反复提醒不仅代表着对他人的一种不信任，也意味着我们想要对他人乃至他人的时间进行掌控。

我之前接待过一位女性来访者，她有严重的洁癖，严重到所有的家庭成员都要被她"控制"。她告诉我，她有三种常见的控制方式。

第一，控制自己，强迫重复。她经常洗手，而且每次洗手都需要很长时间，涂上洗手液翻来覆去搓洗。外出买东西回来、在家里触碰到一些物体都要一遍一遍地洗手。她在家里的玄关处还设置了"消毒区"，买回来的东西和刚回家的人都要在消毒区用酒精进行消毒，才可以进来。

第二，控制他人，特别是用情绪控制。她希望丈夫和孩子可以按照她的秩序和规则生活，一旦秩序和规则被破坏，她就感觉恐慌。她不仅要求丈夫和孩子每天回家后必须把外穿的衣物消毒并放到洗衣机里洗涤，甚至对他们在家里行走的路径、能触碰的东西都有规定。她的丈夫和孩子控诉在家里好像坐牢一般，没有自由，只要不照做或者反抗，这位女士的情绪就会崩溃。

第三，控制整个家庭，大大小小、里里外外的事务全由她说了算。她不仅掌握家里的财政权，而且家里要添置的物品，大到家具，小到衣物都只能由她来决定。

听她描述这些时，我感觉很窒息，然而随着咨询的深入，我们发现其实她控制的背后藏着安全感的缺失。她的原生家庭里孩子特别多，她的出生对父母来说是个不小的负担，那个时候父母的条件也不好，就想把她送去亲戚家寄养。为了不离开父母，她使出浑身解数，帮父母干活，把家里打理得井井有条，大大小小的事情也全是她来操持。七八岁时，冬天寒风凛冽，家里也没有暖气，她还在帮弟弟妹妹洗衣服，两只小手冻得通红。她发现只有这样勤快努力，才能不被父母送去亲戚家，自己才有安全感。所以之后的岁月里，她也一直这样勤勤恳恳，即使有了自己的家庭后还是像个小齿轮一样转动，一刻也停不下来。她说："只要我能把家里打扫得干干净净，就不会被父母抛弃。"她如今对于打扫的执着，有一部分源自小时候形成的这个信念。

母亲给予依恋安全，父亲给予能力安全

有些人是天生没有安全感吗？不一定，安全感是在养育的过程中缺失的。比如前文中的这位女士，她害怕自己成为父母的负

担被抛弃，所以才通过对家庭贡献的方式给自己更多安全感。

安全感可以分为两类：依恋安全和能力安全。

讲依恋安全之前，我们先来了解一下依恋关系。在婴儿与妈妈建立依恋关系时，有三个重要因素：第一，喂养。妈妈在喂养婴儿时，会将婴儿抱在怀里进行哺乳。一方面，满足了婴儿的生理需要，另一方面，也满足了婴儿的情感需要。但一些从小就缺乏拥抱、抚摸体验的孩子，长大后相较他人会更容易缺乏安全感。第二，跟随行为。婴儿刚出生时并不会行走，但在他们出生一两个月后，他们的眼神就可以跟随着妈妈或者其他亲近的人，这会让他们产生安全感。但如果妈妈的脸上总是狰狞或冷漠，甚至在孩子蹒跚学步，想要牵妈妈的手时，妈妈拒绝了孩子的请求，孩子就会心生恐惧，很难内化安全体验，从而致使依恋关系破裂。第三，困难的呼唤。我们都听过《狼来了》的故事，故事中的小男孩在山上放羊，因为无聊大喊："狼来了！狼来了！"村民听到后都急忙拿着锄头和镰刀往山上跑，想要帮助孩子驱赶恶狼。村民的行为就是对小男孩困难的呼唤的一种回应，虽然小男孩只是一而再、再而三地说谎。婴儿哭的时候也需要妈妈的回应，或是喂奶，或是安抚。如果婴儿哭得声嘶力竭，依然没有得到回应，那么对死亡的恐惧就会代替安全体验在孩子的心里扎根。

好的妈妈会在孩子饥饿时喂养孩子、保护孩子的跟随行为、对孩子的呼唤有回应，与孩子建立依恋关系。而依恋安全就是孩子在和妈妈的互动下形成的安全感。如果我们在依恋关系中体验过挫折，安全感就会缺失，随之而来的就是焦虑和恐惧。在亲密关系中，如果伴侣一段时间没有回复消息、没有接电话，你就坐立不安；在亲子关系中，孩子一次小小的反抗，你就感觉崩溃，想要更加强势地控制孩子，这都是依恋安全缺失的表现。

什么是能力安全？能力安全也叫探索性安全，是指在一些相对有探索性的环境下，带给孩子的安全感。比如一些爸爸喜欢带孩子去户外，带孩子学习骑车、攀岩等，在这样有一定风险的活动中给予孩子保护，从而让孩子形成一种安全感。从心理学的定义来说，妈妈为孩子提供依恋关系及依恋安全感，而爸爸带给孩子的则是探索性安全感。爸爸和妈妈最大的区别在于，妈妈的力量是向内的，要把孩子拉回来；爸爸的力量是向外的，要把孩子送到外面环境中去，使孩子完成社会化的过程。

我们不可能一直为孩子创造安全的生活环境，需要帮助孩子发展出应对外界不确定因素、不安全环境的能力，让孩子想要去外面探索时能够保护自己。能力越强，世界越安全；能力越弱，只能畏畏缩缩，走到哪里都感觉害怕。爸爸给予孩子的探索性安全感就像登山中的大本营，在这里可以恢复体力、修复伤口，获得充分的食物、水，拥有下一次外出探索未知世界的勇气。在孩子成长的过程中，爸爸要把孩子带出家庭，教给他们更多的技能和社会规则，让他们一直保持想要探索未知的好奇心和独自面对困难的能力，甚至到老年也不排斥接受新事物，能跟上年轻人和社会发展的步伐。

如何重建安全感

第一，允许自己犯错，允许自己不那么完美。我见过许许多多的"拖延症患者"，我发现他们的逻辑是：只要这件事我不做，就不会错。但我要是做了，就会有人来评判对错、好坏。他们担心自己不能将事情做得尽善尽美，所以一直拖着不做。其实这也是一种缺乏安全感的表现，害怕自己的工作受到质疑，被他人评判。但如果我们可以转变思维，不以完美来要求自己，就不会担心自己犯错，反而认为知错能改也是一种进步。

第二，觉察控制，停止指责，培养信任他人的能力。用控制感来获得安全感，无异于饮鸩止渴，如果我们特别想去控制别人，那么我们就要反观一下自己是否安全感缺失？当我们不断地通过指责、控制等对待他人，或者对别人有很高的要求，比如想要让自己的孩子像别人家的孩子一样优秀，想让伴侣像别人的伴侣一样体贴有能力，这时候我们就要思考一下我们对身边的人是否抱有信任？

在关系中过于敏感是因为我们在依恋关系中有过一些挫折的体验，这导致我们对他人不信任。不信任谁呢？不信任的是我们最初的客体，到后来我们把对客体的不信任全部投射到别人身

　　　　　　　　　　　　　恰如其分的孤独

上。我们拼命寻找一些对方不值得信任的证据，以为这是保护自己，但是这种保护实际上是没有意义的，还会让我们难以建立人际关系。因此，我们要重新把关注点转移到自己身上，适当让渡一些信任给对方。

第三，做自己的安全基地。真正能让我们获得安全感的是我们自己，我们要认识到，如今的自己已经不是曾经的自己。

某电视剧中有一个桥段，男主角因为小时候不小心掉进井里而对密闭空间产生创伤后应激障碍，这种恐惧感总是在类似的环境下被激发，直到他完成特种部队的训练后，再次回到家，看到小时候被困的那口井，他才发现，小时候在他感觉中永远不可能逃出的井，如今他只要踮起脚尖就能轻易翻出去。当我们的能力增长了，意识到昨天的困难已经不再是困难，过去的恐惧也会逐渐消散。

| 自我探索练习 |

在心理危机干预中，有一个技术叫"安全岛技术"，我把它引用在这里，供你参考和使用。

内在安全岛是指，你可以自己寻找一个使自己感到绝对舒适和惬意的地方，它可以是在地球上的某个地方，也可以是在一个陌生的星球上，或者任何其他可能的地方。这个地方只有你一个人可以进入。这个地方应该是受到良好的保护、并且有一个边界的地方。它应该被设置为一个来访者绝对可以阻止未受邀请的外来物闯入的地方。在内在的安全岛上不应该有任何压力存在，只有好的、保护性的、充满爱意的东西存在。

…………

现在，请你在内心世界里找一找，有没有一个安全的地方，在这里，你能够感受到绝对的安全和舒适。它应该在你的想象世界里——也许它就在你的附近，也可能它离你很远，无论它在这个世界或者这个宇宙的什么地方。

这个地方只有你一个人能够造访，你也可以随时离开，可以带上友善的、可爱的陪伴你、为你提供帮助的东西。

你可以给这个地方设置一个你所选择的界限，让你能够单独决定哪些有用的东西允许被带进来，真实的人不能被带到这里来。别着急，慢慢考虑，找一找这么一个神奇、安全、惬意的地方。

或许你看见某个画面，或许你感觉到了什么，或许你首先只是在想着这么一个地方。让它出现，无论出现

　　　　　　　恰如其分的孤独

的是什么，就是它了。

如果在你寻找安全岛的过程中，出现了不舒服的画面或者感受，别太在意这些，而是告诉自己，现在你只是想发现好的、内在的画面——处理不舒服的感受可以等到下次再说。现在，你只是想找一个只有美好的、使你感到舒服的、有利于你康复的地方。

你可以肯定，肯定有一个这地方，你只需要花一点儿时间、有一点儿耐心。

有时候，要找一个这样的安全岛还有些困难，因为还缺少一些有用的东西。但你要知道，为找到和装备你的内心的安全岛，你可以动用一切你想得到的器具，比如交通工具、日用工具，各种材料，当然还有魔力、一切有用的东西。

....

当你来到这个地方，请你环顾左右，看看是否真的感到非常舒服、非常安全，可以让自己完全放松。请你用自己的心智检查一下。有一点很重要，那就是你应该感到完全放松、绝对安全、非常惬意。请把你的安全岛规划成这个样子。

你的眼睛所看见的让你感到舒服吗？如果是，就留在那里；如果不是，就变换一下，直到你真的觉得很舒服为止。

你能听见什么，舒服吗？如果是，就留在那里；如果不是，就变换一下，直到你的眼睛真的觉得很舒服为止。

气温是不是很适宜？如果是，那就这样；如果不是，就调整一下气温，直到你真的觉得很舒服为止。

你能不能闻到什么气味？舒服吗？如果是，就保留原样；如果不是，就变换一下，直到你真的觉得很舒服为止。

如果你在这个属于你的地方还是不能感到非常安全和十分惬意的话，这个地方还应该做哪些调整？请仔细观察，在这里还需要些什么，能使你感到更加安全和舒适。

把你的小岛装备好了以后，请你仔细体会，你的身体在这样一个安全的地方，都有哪些感受？你看见了什么？你听见了什么？你闻见了什么？你的皮肤感觉到了什么？你的肌肉有什么感觉？呼吸怎么样？腹部感觉怎么样？

请你尽量仔细地体会现在的感受，这样你就知道，到这个地方的感受是什么样的。

如果你在你的小岛上感觉到绝对的安全，就请你用自己的躯体设计一个特殊的姿势或动作，用这个姿势或者动作，你可以随时回到这个安全岛来。以后，只要你一摆出这个姿势或者一做这个动作，它就能帮你在你的想象中迅速地回到你的这个地方来，并且感觉到舒适。你可以握拳，或者把手摊开。这个动作可以设计成别人一看就明白的样子，也可以设计成只有你自己才明白的样子。

　　请你带着这个姿势或者动作，全身心地体会一下，在这个安全岛的感受有多好。

　　撤掉你的这个动作，回到这个房间里来。

摘自《心理危机干预》，人民卫生出版社

　　所以，无论儿时父母是否给予了我们依恋安全和能力安全，我们现在都可以凭借自身的努力满足自我需求，成为自己内在的父母，让自己有安全感。

　　任何时候，我们都是有选择的。

第四节
自给自足与被照顾的冲突

对依赖与分离的双重渴望

　　最近几天，我总是听我的助理说"摆烂"这个词。我问他"摆烂"具体指什么，他告诉我，就是自己觉得事情不会再往好的方向发展了，于是干脆什么都不做，任由其随意发展，大有一种自暴自弃的意味在其中。他和我说："胡老师，我们可不可以做一期以'摆烂'为主题的直播？"一开始，我对这个词是有一些小小的抵触的。作为一个父亲，我希望自己可以成为孩子最好的榜样，并为此不断努力；同样，我也对孩子抱有期望，希望他能成为一个独立的、对自己负责的、对社会有贡献的人。如果他在一段时间里学习、工作压力特别大，想要偶尔地放松一下，满足自己的小愿望，我可以认同；但如果他年纪轻轻，吃点儿苦就说放弃，就要"躺平"和"摆烂"，只想着依靠父母，那我是没有办法接受的。

现在很多成年人经常嚷着想要回到小时候，希望被爸爸妈妈保护、照顾，不想再独自一人在陌生的城市打拼了。朱迪思·维奥斯特在《必要的丧失》一书中提到："我们和母亲一体生存，这是一种理想状态，一种我们与母亲亲密无间的状态。这是一种'我就是你，你孕育我，你我同体'的状态，这是一种感受不到孤独与死亡的隔绝状态。"所以一些心理分析学家说："我们一生都渴望结合，而这种渴望来源于我们对回归的向往，如果不能回归到子宫里，那便是回到一种虚幻的结合状态，即共生状态。这种状态深埋在原始的无意识中，每个人都为之奋斗。"

我们渴望能够被一个人照顾着，最好还能够及时满足我们所有的愿望。这是每个人在妈妈子宫里，即婴儿时期对客体的渴望。但事实上，我们不仅对于"重建一体关系"充满渴望，对于成为分离的自我也充满着渴望。

那到底是共生依赖，还是独立分离？这就需要我们来理解被照顾与自给自足的冲突。

拥有被照顾与自给自足冲突的人面对的主要问题是：谁提供了安全和照顾？其恐惧是害怕失去照顾自己的客体。

1999 年由周星驰主演并执导的电影《喜剧之王》在香港上映，影片里男主角尹天仇对张柏芝饰演的柳飘飘说出的那句"我养你啊"，感动了无数女性，也一度成为女孩子们选择男友的标准。我之前认识一个女孩，在有男友前大家对她的印象就是"女汉子"，在有了男友之后，毫不夸张地说，之前能扛煤气罐的她变得连瓶盖都拧不开。这不是说她失去了自给自足的能力，而是当人沉浸于一段亲密关系中时，无论其是否可以独立自理，内心都是渴望被照顾的。

出现这种心理其实非常正常。独立自理、自给自足的另一面是一种不为人知的孤独无依，仿佛什么事情都需要自己去做，没有人帮忙，也没有人关心。这不仅仅是一个人单身时才会出现的情况，我经常听到一些妈妈和我抱怨，自己的老公什么都不做，家里一团乱也不知道收拾，说得通俗一些就是"酱油瓶子倒了都不知道扶"。"丧偶式育儿"这个词精准而辛辣地描述了这些"拖后腿"的爸爸，他们不操心孩子的衣食住行，不体谅妻子的辛劳，不作为的生活习惯让他们的妻子感觉自己犹如"隐形的单亲妈妈"。而反观这些妈妈，她们工作中认真努力，有自己的经济来源，生活中还要勤勤恳恳，照顾好各位家庭成员的方方面面。她们独立自理、自给自足，却总是感觉孤独和无奈，内心深处渴望被人妥帖照顾。

被照顾可以让人体验到幸福和快乐——女孩子上下班有男朋友接送，生病时有男朋友照顾；男孩子工作压力大时可以有人倾听和安慰，天气变冷的时候可以有人提醒自己多加衣服。这些日常的情境都让人对被照顾抱有一种强烈的渴望。

　　　　　　　　　　　恰如其分的孤独

照顾者与被照顾者合谋的游戏

金庸老先生在《倚天屠龙记》中描写了这样一个情节：张无忌被朱长龄纠缠，跌下悬崖，摔断双腿，在蛛儿面前化名为曾阿牛，装成一个傻小子，享受蛛儿的照顾。蛛儿在照顾曾阿牛的过程中，虽然受人奚落，却从张无忌那里得到了精神滋养，二人也渐生情愫。其实，现实生活中，很多照顾者也会在照顾他人的过程中得到精神滋养。无微不至地照顾孩子的妈妈，听到可爱的孩子说一声"妈妈，我很爱你"的时候，内心如有暖流经过；看到孩子渐渐长大懂事，能帮自己分担家务的时候，更是无比欣慰。她们虽然为孩子付出了很多，但同时也被孩子真诚的回应所滋养。

不仅如此，照顾者的贡献与自我价值也会受到极大的肯定。我们在生活中时常见到小孩子在一起玩过家家的游戏，他们会扮演父母，照顾比自己弱小的宠物；扮演老师，给玩具们讲课；扮演医生或者护士，照顾"生病"的洋娃娃。这也从侧面反映出了，孩子们对父母、老师、医生这些给予他们关爱和照顾的人的肯定，这些人是他们想要效仿的对象，是他们当时崇拜的人。

还有一类照顾者，他们在照顾他人的过程中也满足了自己深深的自恋。网络小说、电视剧里的霸道总裁，对孩子呼来喝去、要求孩子必须听话顺从的家长，都属于这类照顾者。所以，"我养你"这句话，是照顾者与被照顾者合谋的游戏，既满足了照顾者的自恋，又允许了被照顾者的退行。

反观被照顾者，他们渴望被无条件地照顾、满足，但在此过程中，他们也无形地放弃了自己的某些权利，或者受到了一定的束缚。大家一定都看过养在笼子里的鸟儿吧？它们在享受被人类喂养的同时，也注定失去广阔的天空。这也是被照顾者面临的第一大问题。他们和鸟儿一样，自由和自主权被剥夺。在影视剧中，我们经常能看到这样的设定，丈夫像是对待"金丝雀"一样把妻子养在家里。身为被照顾者，妻子毫无忧患意识，每天过着"你负责赚钱养家，我负责貌美如花"的日子。两个人生活节奏的脱节，让他们共同语言越来越少，丈夫开始觉得妻子"不上进"，配不上自己，于是萌生了离婚的念头。

其次，被照顾者还会对自己的自我价值产生怀疑。自我价值感来源于我们对社会、对他人、对环境的贡献。如果我们一直扮演一个被照顾者的角色，不求上进，毋庸置疑，我们的自我价值感就会降低。一个新鲜的事物摆在面前，我们没有好奇心去了解，担心因为不懂惹人笑话；一个没处理过的工作或任务摆在面前，我们没有勇气去挑战，怕做不好被责怪。渐渐地，我们就会被固定在自己熟悉的小圈子里，画地为牢，不敢踏出一步。没有熟悉新奇事物后的征服感，没有赢得挑战后的成就感，又何谈自我价值感呢？

此外，被照顾者还有可能会失去自我。通常来说，人们会先关注自我的状态、情绪、好恶等，然后才是别人。但被照顾的人可能会事事以照顾他的人为先，更因关注对方的情绪和喜好而忽略自身感受。

渴望被照顾的心理动因

很多自我感比较强的人看待人际关系的观念往往是："有你很好，没有你我自己也可以"，正所谓"得之我幸，失之我命"。但一些强烈渴望被照顾的人则截然不同，他们长久依赖他人的习惯，让他们失去了独立、自给自足的能力，似乎离开了对方就活不下去。

其实，很多时候我们都是自己给自己贴了标签，设了限。"离开他，我肯定就活不下去了""这个工作我自己肯定完成不了，没有他我不可能成功"……这些都无异于自我剥夺，剥夺了自己的可能性与发展潜力，剥夺了自己的自信心。而那些习惯照顾他人的人，无论是为了实现自我价值，还是为了满足自恋感，都恰好与前者相匹配。

这种关系的匹配程度，就如同螺丝与螺母。如果一个人刚好因为自卑而身处阴影之中，另一个人却如同阳光，照亮每一个孔隙；如果一个人强悍霸道，另一个人小鸟依人，那么这刚好是一段匹配的关系。

那为什么有些人宁愿丧失自由、失去自我，也要选择被照顾呢？

第一，有可能是因为童年缺爱，希望被"二次喂养"。所谓"二次喂养"就好像是让自己重新回到小时候，再被喂养一次。这种渴望由于原生家庭给个体成长带来的不良体验，所以个体寄希望于重新来过，渴望通过"二次喂养"感受到被关心和被爱，修复之前养育过程中的创伤。另外一种情况，是在成长过程中没有发展出足够的照顾自己的能力，缺少能够自给自足的自信，缺少自己能创造价值的自信，缺少能够照顾好自己和他人的自信。

第二，希望用这种方式检测对方是否真的爱自己。很多人在陷入一段亲密关系时，对这段关系是否真实、是否能够长久都不确定，总是希望通过寻找行为的蛛丝马迹来证明对方真的在乎自己。比如女孩希望男朋友能记住自己的各种喜好，希望男朋友能有仪式感，经常给自己创造惊喜等。

第三，渴望被照顾是一种退行的状态。弗洛伊德对"退行"的定义是，"你对独立自强感到害怕，所以你反过来变得依赖或者顽固"。困难是我们每个人成长路上必不可少的磨难，有些人面对困难，渴望披荆斩棘地战胜它；有些人则不然，只希望困难来临时有人能帮他遮风挡雨，就像小时候寻求爸爸妈妈的保护一样。所以即使在长大后，也没有面对困难的勇气和信心，需要一个人来扮演小时候爸妈的角色，帮助他解决困难、消除恐惧。

之前有一部很火的电影叫《机器人总动员》，讲述了负责打扫地球垃圾的机器人瓦力遇见并爱上机器人伊娃后，追随她进入太空历险的一系列故事。其中特别有意思的是，里面的人类都被"托管"了，他们不需要劳动，不需要创造价值，甚至连走路都不需要，每天只需要坐着磁悬浮座椅，享受机器人 24 小时的周到服务以及娱乐，像一个刚出生的婴儿一样，只用呼吸就可以了。一个人如果方方面面都被照顾得很周全，惰性就会随之而来。这就是我们所说的从心理到生理的退行。

不过，美国心理学家朱迪思·维奥斯特曾说道："希望重建一体关系，这种追求既可能是病态的，也可能是一种健康的行为。"所以被照顾得很周全，也不是一无是处。人类因为有被照顾的愿望而进步发展的例子比比皆是。比如外卖软件的诞生解决了人们每天做饭的困扰，让人们可以在工作繁忙时不用再为了吃饭的事情而操心，让情侣之间可以更方便地表达关心和爱意。但这样的获益，更多是给我们多提供了一个选择，并非要替换我们原有的选择。

如何应对被照顾与自给自足的冲突

看到这里，你可能会有一个疑问：那么，我是应该选择被照顾还是自给自足呢？

其实，这并不是一个单选题，因为这二者对我们各有好处。

首先，自给自足可以让我们拥有足够的安全感。我们在经济上可以负担自己的开销，在生活中可以独立自理，不需要依靠他人就可以解决遇到的一些困难，这都能够提升我们的安全感。而且，自给自足还会给我们带来成就感。如果一个人事事都需要他人帮忙，所有决定都要问过他人的意见，久而久之，只会对自己失去信心，甚至产生自卑心理。因为他没有体会过自己独立完成任务、自己凭借智慧克服困难带来的成就感。相反，自给自足就可以给人带来这种成就体验，让我们可以对自己的能力更加确信，提升自我效能感。除此之外，自给自足还能促进人的自我实现。心理学家马斯洛在《人性能达到的境界》中说："自我实现是在任何时刻在任何程度上实现个人潜能的过程。实现一个人的可能性往往要经历勤奋的、付出精力的准备阶段。"不仅成年人有自我实现需求，就连几岁的孩子也有这样的需求。一个三岁的孩子，如果能帮助爸爸妈妈拿下拖鞋，擦一下桌子，他也会感到高兴。

同时，我们也不能忽视被照顾的好处。简单来说，被照顾可以满足我们对重建一体关系中对客体依赖的原始渴望，满足了我们想要印证自己是否真的被爱着的愿望，也能让我们更多地体会到幸福和温暖。所以，我们要做的不是在被照顾和自给自足之间做出取舍，而是在二者之间做到动态平衡。人与人之间的关系，尤其是成年人之间的关系，不能简单地用"我养你"和"你养我"来概括，更好的是"有你很好，没有你我也可以"。

第五节
独立与依赖的冲突

独立与依赖

有一些来访者和朋友和我倾诉，他们没办法长久地沉浸于一段亲密关系中。亲密关系会让他们觉得被束缚、被控制，这种窒息的感觉让他们急于想摆脱关系，难以在依赖与独立之间找到一个平衡。依赖别人，觉得没有自我；被别人依赖，觉得没有自由。就像我们说婚姻像一座围城，里面的人想出来，外面的人想进去。

如朱迪斯所说，"追求独立是我们人生永久的课题"，逃避有时候也是我们追求独立的一种方式。但大多数时候，追求独立的路上总是荆棘密布。这是因为：第一，我们的能力不足以让我们独立；第二，在关系中对方不允许我们独立。

对于前者，婴儿和母亲的关系就是个很好的例子。刚出生的婴儿没有能力照顾自己，一切有关于他们生存的要素都需要依靠母亲来满足，最直观的就是婴儿饿了要依靠母亲来喂养。他们没有照顾自己的能力，所以不足以独立。再说母亲，母亲可以做到绝对的独立自由吗？似乎也是不可能的。因为母亲决定了婴儿生存的条件，她被婴儿依赖，需要照顾婴儿。当我们被他人依赖时，也很难有独立或自主的空间。

后者在我的从业经历中也见到很多，亲子关系中父母的有些行为会阻止孩子的独立个体化，但父母浑然不觉。比如一些妈妈看到孩子把房间搞得一团乱，一边告诉孩子要提高自理能力，收拾好房间，一边自己又动手帮孩子收拾。又如，孩子高考后想要去外地上大学，父母却不放心孩子一个人去异乡，想要说服孩子留在本地上大学。这不仅能看出现实中孩子对父母的依赖，也能看出父母在心理上对孩子的依赖。

关系中的"分离-个体化"

在儿童发展心理学历史上，玛格丽特·马勒把 0~3 岁的儿童发展分为三个大的发展阶段：

第一个阶段，是从新生儿出生到 4 周左右的这个阶段，叫作"正常自闭期"。这个阶段，新生儿好像被包在一层"自闭的壳"之内——通过睡眠刻意地隔离外界刺激。

　　　　　　　　　　　　　恰如其分的孤独

第二个阶段，是婴儿出生的第 2~5 个月，也就是大致半岁以前，称为"正常共生期"。马勒认为这个阶段最重要的特征就是婴儿对以母亲为代表的主要照顾者的绝对依赖，身心需要都得由母亲来满足。这个阶段母亲对婴儿的需求回应得越及时满足，孩子以后越有安全感，心理就越健康。马勒把母亲的这种能力称为"母亲的第六感"；而另一位客体关系精神分析学家温尼科特把它称为"原初母爱灌注"。

第三个阶段是分离-个体化时期，大概是在婴儿 5 个月到 3 岁半，这是孩子人生中第一次身心逐渐分离的过程。马勒把这个时期分为四个子阶段。

A. 分化期（differentiation）：这个时期的婴儿开始走出共生的心理状态，渐渐开始区分主客体，也就是发现自己是自己，妈妈是妈妈；同时开始区分妈妈是妈妈，陌生人是陌生人。

B. 实践期（Practicing）：这个阶段婴儿在身体上迅速发育，从而可以站立甚至行走，这时孩子对环境会有很多新的感知，同时，孩子还会在这些新的体验中产生一种"全能自恋感"，而母亲的回应会让孩子形成对自己的认知。科胡特认为在这个阶段中，母亲眼中对孩子欣赏的目光是给孩子一生的礼物，因为孩子将从母亲对自己的欣赏中学会自己对自己的欣赏，从而获得自尊和自信的基石。

C. 和解期（Rapprochement）：经过了上一阶段，婴儿越来越体验到自己和母亲其实是分开的，而且自己和母亲都不是全能的。这时宝宝会产生一种分离焦虑，他会非常担心被母亲抛弃，也就是马勒说的"担心失去客体"。这个阶段母亲不能离孩子太近，也不能离孩子太远，太近孩子会感觉被吞噬，而太远孩子会害怕被抛弃。

D. 客体恒常期（Object Constancy）：如果孩子顺利度过和解期，那么他将获得另一种极其重要的能力——客体恒常。① 所谓客体恒常，就是孩子内化了自己的母亲。举个简单的例子，妈妈在短时间内离开了孩子的视线，孩子也知道妈妈还存在，不是消失了，也不是不要自己了。

"分离-个体化"是妈妈和孩子之间必须要完成的一项任务，当一个人没有完成这项任务时，就会缺乏内在的自主性，就会更在意他人对自己的评价。

---

① 客体恒常是指我们能与客体保持一种"恒定的常态"的关系。拥有客体恒常，意味着人们有能力保留客体在心中映射出的稳定图像。内心会有对于客体的信任感，并由此产生安全感。我们不再需要和外在客体时时确认自身的安全，因为我们的内在客体是稳定的。此时，我们能够自给自足地拥有满足感和安全感。

客体在关系中非常重要，我们是在与客体的互动和客体的反应上来认识自我的。但即使如此，我们也不能忽略内在自主性的发展。自主性让我们有主见，我们可以听取别人的建议，在某件事情上不断地完善；可以参考别人的评价，持续改进自己的不足，但不会迷失自己的方向和目标，完全跟随他人的节奏。没有完成分离-个体化，会使我们一直处于共生的状态。就像孩子想要妈妈陪他一起玩，但妈妈因为一些急事脱不开身，孩子就会认为妈妈忽视他而哭闹不已；或是妻子因为丈夫没在身边，就想要通过电话时刻掌握丈夫的动向。由于我们不能一直处在过度依赖的共生状态里，所以我们需要学习"分化"。

"分化"是由家庭系统治疗心理学家莫瑞·鲍恩提出，它是指一种能够分辨和管理个人的情绪和理智，并将自我独立于他人之外的能力。

自我分化能力强的人，更容易拥有健康、弹性的亲密关系和更高的自尊水平，他们会有清晰的边界，能够表达自己的观点，也能接受他人表达与自己不同的观点。相反，分化能力弱的人，则可能表现出回避或者迎合。他们有的故意远离群体，因为害怕在群体中被吞噬；有的则完全融入群体，不敢表达自己的不同意见。

那是什么影响了我们的分化水平呢？这和父母的养育方式有很大关系，当父母分辨不清什么是我的，什么是你的，哪些感受是我自己要承担的，哪些感受是你自己要承担的，关系之中就会缺乏边界，将这种相处方式在代际之间传递给孩子。

"60 分妈妈" 与 "全能妈妈"

妈妈给到孩子足够的安全感，孩子才有分离-个体化的可能。一个完成了分离-个体化的孩子对外界是感兴趣的，且他是能够发展自己的能力的。当我们内在的能力足够，我们会一次次尝试建立除了妈妈以外的其他关系，在这个过程中，我们会感到越来越安全，有点儿像你准备去交朋友的时候，当你确信很多朋友愿意支持帮助你时，你在这个世界上生存会很有安全感。此外，你也会相信自己的能力，假如有段时间你经济上面出现困难，但是你非常确信自己是有挣钱能力的，那一刻你不会因为经济困难而没安全感，就好像电影《一九四二》中，张国立饰演的地主角色，在逃难中身无分文、衣衫褴褛的他说："我知道怎么从一个穷人变成财主，不出十年，你大爷我还是东家。"这里展现的就是具有能力安全的人。

能够给予足够的安全感的妈妈并不代表要成为对孩子事无巨细，任何需求都满足的全能妈妈。一个"完美"的妈妈很多时候会因追求自己的全能而忽略了孩子本身，有时候为了实现自我的全能，甚至会抑制孩子的成长。在全能妈妈的眼中，孩子是不会自己成长和发展的，孩子的所有安全感都来自全能妈妈。这样的妈妈很有可能会在听"世上只有妈妈好，没妈的孩子像根草"的时候哭得稀里哗啦，那是她在为自己对孩子的付出自我感动。

精神分析学家温尼科特提出想要帮助孩子从依赖走向独立，孩子需要的是一个"60分妈妈"（Good enough mother）。"60分妈妈"意味着承认自己的不完美，当孩子说"妈妈陪我一起玩"，而妈妈正在忙碌时，她不会不管不顾地抛下所有的事情，而是会说："妈妈知道你想和妈妈一起玩，但是妈妈现在有其他的事情，你先自己玩一会儿，妈妈做完自己的事就来陪你玩。"或者说："妈妈有其他的事情，你看看能不能找你的小伙伴或者找爸爸一起玩？"

在孩子的分离-个体化过程中，母亲在被孩子需要的时候出场是重要的，而在不那么被需要的时候退场也同样重要。有时候并非孩子依赖母亲，而是母亲依赖孩子，因为全能妈妈需要通过照顾孩子来体现自我的价值。然而每一个长不大的孩子背后，通常都有一个不愿意退场的母亲。我常常在网络上看到一些荒诞的新闻：20多岁的人上了大学后却不知饥饱冷暖，生活难自理，这样的成年孩子比比皆是。还有我们常说的"妈宝男"也是没有完成分离-个体化的过程，当一个成年男性连自己今天做什么、吃什么都要母亲来管，买哪件衣服、选哪份工作都要母亲来决策，这个孩子的内在是没有独立自我的。

这样的男性在跟妻子建立亲密关系时，他会觉得对不起自己的母亲，他可能在从小和母亲的相处中学会了如何照顾一名女性，所以他可能在亲密关系中表现得分外体贴，但是他在心理上不会跟伴侣进入一个深度的情感连接中，而且他的妈妈也会和他的伴侣争宠。没有完成分离-个体化的孩子，所有的人对他们来说都是"第三者"。

依赖又独立的秘密

首先，依赖又独立只能发生在两个成年个体之间。这种状态就有点儿像是两个人相处时，一个人在书房工作，另外一个人在沙发上看小说，但是两个人回头转向彼此，目光触碰的时候，他们心照不宣地相视一笑。好的亲密关系不一定要时时黏在一起做同一件事情，是在此之外可以允许对方拥有独立的空间。

有一个很经典的故事，一对新婚夫妻为了表现出两人的恩爱，从教堂回来后就彼此约定：从此以后不管是你的，还是我的，都是我们的。比如称呼彼此的父母时要说"咱爸""咱妈"，称呼两个人的小家时要说"咱们家"……所有的称呼都改完了，一天上午，先生早上起来去卫生间，太太在外面问："亲爱的你在我们的卫生间里做什么？"然后先生说："我在刮我们的胡子。"

当我们彼此依赖时，我们并不认为对方是一个独立的个体，甚至很想把对方改成自己想要的那个样子，就像你不能有你自己的胡子，那个胡子必须是我们的胡子。

其次，在家庭中，我们需要厘清自己的角色定位。我有很多来访者会因为拒绝妈妈而感到内疚。这样的来访背后大多都有一个与自己边界模糊的妈妈。在家庭系统中，我们为什么会强调夫妻关系优于亲子关系？实际上就是为了让孩子能够顺利地完成分离–个体化。但是如果母子关系中没有爸爸的存在的话，那么妈妈和孩子有可能永远分不开。有的时候是因为我们对亲密关系的失望，所以我们把亲子关系当成了我们生命中最重要的关系。那么在这里你会发现，妈妈不愿意分开，不是孩子不愿意，而是孩子担心和妈妈分开会让妈妈痛苦。

事实上，当孩子认为自己成年后，他是可以自主选择的。他可以选择告诉妈妈："你是你，我是我，我有自己的事情，你也有自己的生活。"

最后，找到关系中的平衡，做到既依赖又独立。

假性独立	依赖又独立	过度依赖
不信任	客体恒常性	共生
封闭	信任	不安全感
敌意	开放	控制

图 3-3 "依赖–独立"图

如我们前面所说，当我们认为自己很脆弱，没有他人就活不下去的时候，我们更多地会依附于他人或关系，从而失去了自我。

现在很多人喜欢抱怨自己的"原生家庭"，这其实也是一种依赖的表现。一个完整而独立的"成年个体"就是我们不依赖于我们的原生家庭。

依赖，不一定是相亲相爱；依赖，也有可能是相恨。相恨会有各种各样的表现形式，比如拼命说原生家庭不好；一直活在原生家庭的阴影下，没有办法释放，也没办法去宽恕原谅；虽然已成年，但依然无法成熟妥善地处理与父母的冲突。这一切都是依赖原生家庭的一种表现。

有时候我们抱怨原生家庭，是因为我们把所有的攻击性、所有的恨意、所有的无奈、所有的无力全部投射上去，把所有的不好都归责于他人，这样我们就可以逃避面对自己的现在与未来，躲在怨恨里，躲在过去，不放过他人，也不放过自己。

　　　　　　　　　　　　　　恰如其分的孤独

第四章

重新认识孤独

第一节

为什么认识很多人，但还是感到孤独

孤单与孤独

人本主义心理学家指出，人一生下来就要面对三件最重要的事：第一件是生命的意义，第二件是存在性孤独，第三件是对死亡的恐惧。我们暂且放下第一件事和第三件事，先来弄清楚什么是存在性孤独。

存在性孤独并不是指实际的寂寞、孤独，也不是指一个人内心中的孤寂荒芜，而是我们每个人作为单独的个体所存在的、与其他生命之间难以逾越的鸿沟。简单来说，当我们从妈妈的肚子里出生，来到这个世界上开始，我们就是独一无二的个体，没有人与我们是一样的。这种先天的差异，就注定了世界上没有一个人可以与我们感同身受，也没有一个人能完全地了解我们、理解我们和共情我们。就好像庄子的那句"子非鱼，焉知鱼之乐"。

但是，这种孤独也并非完全无法解决和克服。解决它的唯一方法，就是与其他人建立连接，尤其是建立深度的连接，也就是我们常说的亲密关系。当有人能在某些事情上给予我们些许回应时，我们的孤独感就会减少一些。

很多人把孤独等同于孤单，其实二者之间是有很大区别的。孤单，更多说的是外在的形态，而孤独则是说内在的感受，最明显的区别体现在：孤单是没人理我，而孤独是没人懂我。

举个例子，假如你来到一个陌生的场合，发现这里所有人都在热闹地狂欢，唯独你没有参与其中。你非常渴望能有人关注你，看到你的存在，或者热情地将你拉入他们中间，但他们都没有这样做。这一刻，你会感到特别孤单。这种感觉就像你在深夜想找个人说说话，可翻遍手机通讯录里的所有人，却发现无人可诉，只好独自感怀。

而关于孤独，心理学家荣格说："孤独并不是来自身边无人。感到孤独的真正原因，是一个人无法与他人交流对其最重要的感受。"你跟伴侣每天生活在同一个屋檐下，却不能敞开心扉跟对方分享自己的喜怒哀乐，也不能直接表达自己的想法和需要，两个人形同陌路，没有任何有效的交流，每天只能重复一些关于"吃饭""睡觉"等简单乏味的对话。遇到困难或者感到心情不好时，对方也不理解你、安慰你，你只能自己默默承担。这一刻，你会感到特别孤独。

在喧嚣嘈杂的世界中感到孤单或孤独，可以说是每个人都曾经或正在经历的一种情绪体验，这与你认识多少人没关系。就算有人陪你一起看电影、一起吃火锅，但陪你的人你不喜欢，做的事情你不感兴趣，那么你仍然会感到孤独。

孤独的三种类型

我的一个朋友曾跟我说："你知道吗？我有时明明身处在熙熙攘攘的人群当中，可仍然感觉很孤独。不仅如此，我还经常会感到失落，甚至会感到挫败、羞耻和绝望。周围那么热闹，我却完全像个局外人，根本无法融入其中。"

我的另一个朋友却告诉我说："我下班后就想回家安安静静地待着，没有人打扰，在家里做做饭、看看电视，感觉好惬意。"

在你看来，这两个朋友谁是孤独的？

很多人可能会觉得，第一个朋友是孤独的，第二个朋友并不孤独。实际上，他们都是孤独者，只不过处理孤独的方式不同。

一般来说，孤独可以分为三种类型：自我封闭性孤独、被动孤独和主动孤独。

自我封闭性孤独，也叫自我隔离性孤独，它的主要表现是性格自闭，不会主动抓住机会，也不会主动跟人产生关联，不愿意展开社交，只想把自己封闭在一个相对狭小的环境里。如果你问他们为什么不愿意跟人打交道，他们会说："我跟那些场合里的人格格不入，不是一路人。""他们的活动跟我没关系，我不想参与。"有些时候，即使别人主动跟他们打招呼，或者想跟他们叙叙旧、谈谈心，对于他们来说都是一种很辛苦的应酬。他们更愿意一个人待在一旁，但内心又时常感到孤独。

关于被动孤独和主动孤独，我再举两个例子你就理解了。

一个周末的下午，午睡醒来的你发现窗外暮色昏沉，房间里空空荡荡，寂然无声。你四处摸了摸，在枕头下找到了手机，屏幕亮起，没有一条消息，那一刻你感觉仿佛被这个世界抛下了。你倍感孤单，甚至有一些失落和无助。虽然你感觉孤独，但不安于孤独，总想逃避孤独。

同样是在一个周末的下午，你一个人关上房间的门，坐在透亮的窗前，捧起一本自己喜欢的书，让自己彻底沉浸在文学的世界里。同样是你一个人，但体会到的则是积极甚至极致的享受。这种安于孤独的状态，也就是恰如其分的孤独，恰到好处的孤独。

有人说，孤独的人是可耻的。当我们看到他人都处在关系之中，只有自己身处其外时，内心就容易生出一种羞耻感。而如果我们不能把完整的自己表达给别人，即使与他人建立了连接，这个连接也只是部分连接，并不完整。没有建立连接的部分同样会让我们产生羞耻的感觉，因为这部分是我们没办法展示给他人的，是我们想要藏起来的。这时，我们就会有一种被动的孤独感。

也有人说，孤独是最大的自由。相比于热闹和喧嚣，有的人更喜欢一个人独处时的轻松，即使有些乏味，也不会感到不安。他们认为这是一种自愿选择的独处，是在远离无效社交，甚至是一种"采菊东篱下，悠然见南山"的极致享受。因为自己想要，所以选择孤独。这就是一种主动孤独。

不过，对于绝大多数人来说，孤独不太容易给人以"享受"的感觉，更谈不上是较高层次的生命状态，反而会带来一种不安的，或者说不舒服的体验。如果你也有此感受，那或许恒常稳定的客体还未在你的内在形成，此时，接纳这种不安，将是你接下来的功课。

让人感觉孤独的行为

很多人喜欢看喜剧，喜剧演员在台前为观众送上欢乐，但在幕后，这些喜剧演员中有不少都是抑郁症患者。世界著名喜剧演员卓别林就曾讲过这样一则笑话："有个人得了抑郁症，去医院看医生，医生告诉他，'最近我们城里来了个特别有意思的小丑，全城的人都去看他，被他逗得开心得不得了，我建议你也去看看他'。结果这个人说'我就是你说的那个小丑呀！'"

喜剧演员能让那么多人快乐，自己不是应该更快乐吗？为什么会患上抑郁症呢？

实际上，我们看到的只是喜剧演员光鲜亮丽、精力充沛的一面而已，背后的他们其实是很孤独的。我们必须承认，人的所有情绪都需要被看见，被表达，而喜剧演员在表演中需要把真正的、有情绪的自己隐藏起来，成为一个只能笑、不能哭，并且还要把别人逗笑的小丑，一边夸张地表演，一边又清醒地旁观着癫狂的自己。而当一个人不能做自己的时候，痛苦就会随之而来。

不管是喜剧演员，还是普通人，有时都会表现出完全不同的两种行为，也有人将其称为双重性格——在外面时跟人嘻嘻哈哈，好像是团队里的气氛担当，回到家后就想一个人待着，觉得身边所有人对自己来说都是累赘。这虽然会滋生孤独，但已被社交耗光了精力的我们又不愿意主动去打破这份孤独。频繁地在这两种社会角色中切换，让我们感觉孤独而疲惫。

除了以上的表现外，还有一些让人感觉孤独的行为，我总结了一下：

第一，把自己藏起来让人感觉孤独。

我经常会在直播间跟大家讲故事，大家都觉得我是个非常喜欢表达的人，但其实我大多数时候是比较回避社交的，也不是很喜欢站到人群中去表达自己。

工作结束后，相比应酬聚餐，我更喜欢回到家一个人待着，不想被任何人打扰，否则我会感觉压力很大。尤其当我在工作后感觉不是很好，或是没有达到自己理想的状态时，我就想要把自己藏起来，然后慢慢疗愈自己、修复自己。

在工作时，我们需要面对很多人、很多事，需要付出大量的精力和心血，有时甚至还带有某些表演的成分，目的就是把自己最好的一面呈现出来，把事情做好。但是，每个人也都有自己不好的一面，这一面就是我们不想被人看到的、只能自己体会的一面。这个时候，我们只能把自己隐藏起来，正因如此，我们才会感觉孤独。

第二，与外界对立让人感觉孤独。

有人曾问过我："这个世界上什么样的人最孤独？"

我告诉他："可能杀手是最孤独的。因为杀手的内心藏着太多的秘密，如果这些秘密不小心泄露出去，他的生命就可能会受到威胁。所以，杀手不敢有朋友，更不敢轻易与人建立连接关系。"就像《这个杀手不太冷》这部电影中，杀手里昂完全不敢与人亲近，只能养一株植物陪伴自己。直到后来，女孩玛蒂尔达无意闯入他的生活，里昂从此有了弱点，有了羁绊，有了想保护的人，也有了情感和温度，有了与世界的连接。

在一段关系中，如果我们时刻防备，这会让我们和他人处于一种对立的状态。举个例子，在我第一次离家独自生活时，我的母亲跟我讲："外面坏人很多，独自在外一定要小心。"当我认同了母亲这句话时，我会带着一个"坏人"的滤镜来看待这个世界，这时我会与他人处于对立的状态。

阿德勒在《自卑与超越》中说，每个人都想获得优越感。但有一个关键点在于，很多人往往会通过胜过他人而获得一种优越体验。这种优越感发生在大大小小的竞技比赛中，也发生在日常生活的小事里，他们希望自己能赢，能超越所有人，凡事都要争输赢争对错，然而在这个过程中会树立很多的"对手""敌人"，不知不觉就与所有人站到了对立面。

阿德勒还告诉我们："专横的背后是懦弱，优越感的另一面是自卑。"优越感的另一面所对应的，恰恰是一种自卑情结。拥有自卑情结的人，大多数都是孤独的，因为他一直处于一种与他人比较的状态中。当一个人拼命地想要证明自己，想要赢得别人时，你就会知道他的自卑感有多强了。

孤独的过去、现在与未来

前几天，我跟朋友探讨了一个问题：在我们的生命中，有些事情是非常美好的，但同样存在一些黑暗的东西。当我们去探索这些黑暗时，可能会感到害怕，这时该怎么办呢？

我们知道，小孩子遇到害怕的事情时，会第一时间找妈妈，寻求妈妈的帮助；而一个成年人遇到害怕的事情时只能自己面对。这时，我们的内心中如果没有一个真正能让我们产生强烈安全依恋的客体，或者说我们不相信、不承认世界上有这样一个人时，就会感受到孤独。

事实上，一个人孤独的剧本从童年时就已经在逐渐形成了，如果不加觉察的话，这个剧情就会在我们的人生当中不断重复下去。

通常来说，0~3岁的阶段被认为是一个人的人格形成的阶段，如果一个孩子在这个年龄段内能与妈妈建立安全、稳定的关系，这种关系就会成为孩子未来与他人建立关系的模型。当孩子逐渐长大，从与妈妈的关系中分离出来后，他一定会去寻找另一个人重新建立亲密关系。并且，他还会按照自己与妈妈之间的关系模型去跟他人建立连接，用妈妈曾经对待他的方式去对待他人。如果孩子与妈妈没能建立良好健康的关系，那么他长大后就不知道要如何与他人建立关系、维系感情，遇到一些人际关系上的困难时，经常会感觉自己形单影只，非常孤独。

那么，如果我们想要打破这种孤独的体验，该怎么办呢？

一个有效的方法，就是去寻找与自己有最亲近关系的人。大家听说过"探洞"吗？有些人会专门去那种又大又阴暗的溶洞里探险，想要保障安全必须满足两点，一是有一根安全绳，二是有一名安全员。这个安全员一定是你绝对信任的队友，也是与你关系最亲近的人。这样当你进入溶洞后，无论你遇到任何危险，只要一拉安全绳，你的队友马上就会把你拉上来。所以即使探洞很危险，你也不会感到孤独，因为外面有你最信任、最亲近的人在保护你的安全。你与对方的这种关系，就可以称为"生命中的安全绳关系"。

但是，很多人可能并不拥有这种关系，或是把生命中出现的一些错误的人当成了自己的安全绳。比如有的夫妻虽然拥有一纸婚约，但彼此的关系并不一定是最亲密的，也不一定是让人真正感到安全和踏实的；再比如一个没有力量的、敏感又脆弱的妈妈，她无法为孩子提供任何能量和帮助，这对孩子特别是对于一个婴儿来讲，就相当于被放入了一个充满危险、令人绝望的黑洞当中，妈妈根本无法为他提供一根可以救命的"安全绳"，这就会使得处于这种关系中的孩子感觉非常孤独和无助。在这样的成长环境下，孩子会不断否定自己的价值，同时拒绝与人建立深度连接，继而让自己陷入更深的孤独之中。

孤独背后的自恋状态

当你感到孤独时，找到陪伴你的人是缓解孤独的一个很好的方式。但是，这种陪伴不是说有个人在你身边就好，陪伴是一种情感之间的连接，是一种深度的关系。缺乏情感共鸣的两个人，即使抱作一团取暖，也不能真正缓解孤独。我们时常感到孤独，就是因为我们无法与人深度连接，或者说我们陷入了一种自恋状态中，觉得世界上没有人值得跟自己连接。这种状态，我们称之为"假自体状态"或"假自我的状态"。

"假自我"的理论，是由心理学大师唐纳德·温尼科特提出来的。与"假自我"相对的，则是"真自我"。温尼科特认为，"真自我"是对于自我的一种自发的、真诚的体验，它能让一个人感受到自己活着，并且自己的任何感受都是符合客观世界的真相的。比如"当我感觉不舒服时，是因为有些事的确让我不舒服，而不是我自己的感觉出了问题”，而这种感觉也是我们维护自己利益的基本前提之一。在"真自我"的状态下，我们会前所未有地体会到生活的意义感。

与之相反，"假自我"是一种防御式的、虚假的外观。当你处于这种状态时，你的自我围绕着他人的感觉而构建，而且你与他人建立的人际关系也多数都是虚假的。从表面看，这些关系好像很真实，但其实你根本无法感受到自己与对方之间有什么深刻的连接，你的孤独感也会只多不少。

我把这种处于"假自我"状态中所建立的人际关系进行了总结，一般可以分为下面这三种：

第一，孪生自恋。孪生自恋最明显的状态，就是感觉别人和自己像是孪生子一样，总是和自己有着相似的想法和感受。在建立人际关系时，你看到的永远是对方跟你相像的那一面，并且你会认为这一面是最好的，但实际上这只是你的一种自恋的假象。

第二，夸大自恋。夸大自恋在生活中非常常见，最典型的例子就是有些人喜欢在社交场合吹牛。有些网红特别喜欢出入各种名流圈子，跟各类明星、商界大佬合影拍照，然后拿着这些照片去跟人吹嘘。但实际上，他也只是与这些人合了个影而已。这种与人建立关系的方式，是在寻求一种"黏附性认同"。简而言之，就是一个人对某件事的认同不是出于自己的判断，而是大多数人觉得厉害便是厉害，自己只要跟这个"厉害"沾上边，便能证明自己也很厉害。其实，人家的"厉害"跟他一点儿关系都没有。

第三，理想化自恋。理想化自恋是说，你在别人面前表现出的良好言行，最终都是为了自己。这样解释好像很晦涩，让我举例子说明。有一次，我开车带着三个朋友去外地，在高速路上遭遇了大暴雨。你知道，在高速上开车遭遇暴雨是非常危险的，所以我开车时全神贯注，丝毫不敢掉以轻心。我的三个朋友见状，可能是为了缓解一下车内的紧张气氛，就说："老胡开车可真稳，简直就是在为我们保驾护航。"我听后哈哈一笑："我好好开车可不是为给你们保驾护航，我是为了自己保命啊！"

在朋友看来，我认真开车是为了保护他们，所以他们会强调我的好。但实际上，我认真开车首先是为了保证自己的生命安全。在这个过程中，你会发现朋友把我理想化了，而朋友口中的"为大家保驾护航"的我，其实就是一种理想化自恋的状态。

以上三种状态，就是我们在人际关系中经常会陷入的自恋状态，而这三种状态最终也只是为了我们自己，不是为了别人。当你陷入其中任何一种状态时，你的内心都是孤独的，你与别人建立的关系也并不亲近，因为这种关系中只有自己，没有连接。

因此，在一段关系中，如果你认为一些事情你拥有决定权，不需要征求别人的意见，那这恰恰意味着你没有与别人真正建立关系，更没有在这段关系当中做到最重要的一点——尊重。

第二节

为什么牺牲这么多，依然不被认同

牺牲、奉献与受害者情结

什么是牺牲？

如果用古诗来形容，清代诗人龚自珍在《己亥杂诗》中写到"落红不是无情物，化作春泥更护花"，唐朝诗人李商隐在《无题》中写到"春蚕到死丝方尽，蜡炬成灰泪始干"——其中的"落红""春蚕""蜡炬"都是牺牲精神的一种表现，为了成全别人或满足别人的利益而放弃个人利益。

《现代汉语词典》里对"牺牲"的解释是为了正义的目的舍弃自己的生命。比如诸多英雄烈士守卫国家"为国牺牲"，这样的牺牲是一种爱国主义的高尚行为。但这种牺牲不是本文所要讨论的，本文要讨论的是生活中存在另一种关系中的"牺牲"。我的一位来访者，她的父母很喜欢跟她说的一句话是："我们为你牺牲了那么多，你可要听话一些啊"。如果一个人在牺牲自己利益的同时，潜意识中还期望获得更实质的回报，心里存在着"你欠我"的潜台词，这就是一种旨在索取的牺牲。与这类人相处，我们会发现自己持续处于一种被期望去感谢与赞赏的情景里，颇有情感负担。

那么什么是奉献呢？

从某种程度上来说，奉献与牺牲有一定的相似性，都意味着舍弃自己的某些利益，但奉献更多体现着一种心甘情愿的意味。在做一件事情时，自己可以从中获得某种回报，且不会期望让别人回报，也不会让别人产生亏欠感。很多匠人、学者在自己热爱的领域内埋头钻研，有时一钻研就是一辈子，把自己的一生都奉献给了一件事，不仅自己获得了荣誉感和成就感，而且为国家、人类做出了巨大贡献。我们会对这类人产生尊敬和敬仰。所以你看，牺牲与奉献的最大区别，就在于牺牲是委屈自己，有时甚至会让对方感觉亏欠，获益者往往只有一方；奉献者则是为了成全自己、成全关系，最终获益的往往是双方。

我从事心理咨询多年，经常会遇到一些喜欢抱怨的人，他们抱怨孩子，抱怨伴侣，抱怨同事……抱怨对方不理解自己、不陪伴自己、不重视自己。我在与他们互动的过程中发现，他们对周围人时常抱有一种敌视态度，仿佛自己的孤独、不幸、痛苦都是别人造成的，是别人故意这样对待自己，但他们没有意识到，自己的人际关系模式其实与他人无关。这样的人，就具有受害者情结。

冰冻三尺非一日之寒。具有受害者情结的人，在人际关系中总会期待别人能带给自己价值，期待别人照顾自己，自己却不想付出；或者在人群中表现得像个脆弱的婴儿，离开他人的帮助就手足无措，无法继续生活。当然，他们也可能会去讨好别人，但这种讨好并不是心甘情愿的，而是因为他们认为如果不这样做，别人就有可能会排斥、抛弃自己，这是他们最怕的后果。

此外，具有受害者情结的人，与他人建立的关系通常也是对立的，他们会在潜意识中认为别人讨厌自己。所以，他们在生活中小心翼翼，每天都要察言观色，想知道别人到底喜不喜欢自己。有时候，对方一个无意的眼神都会让他们琢磨很久。经常处于这种情绪的人，因为负能量太多，旁人不愿意靠近他们，所以他们经常会陷入悲伤的情绪中，并且很难与人建立和谐的合作共同体关系，也会经常感到孤独。

自我牺牲是自恋者的游戏

"自我牺牲"是童年时期的一种生存策略

很多人小时候都有过这样的经历：其他小朋友来家里做客，想要玩我们心爱的玩具，我们明明不想给，但因为爸爸妈妈说"懂得分享的孩子才是好孩子"，所以我们为了当好孩子，就不得不把喜欢的玩具让给其他小朋友。当我们这样做时，就会换来一些肯定和夸赞。

当被父母要求和其他小朋友分享玩具时，孩子内心真的愿意这样做吗？我想有时并不愿意，但为了得到父母的肯定、表扬和更多的爱，孩子不得不违背自己的意愿，满足他人的期望。这种顺从是一种被逼无奈，可只有这样做才能证明自己是乖孩子。有时父母内心也不一定愿意这样做，但为了证明自己的家庭教育成功，也不得不做出违心之举，通过满足别人的期望来保全自己的面子。

对于小孩子来说，父母就是自己安全生存的唯一指望，一旦被抛下，就意味着死亡，因此来自父母的认可、肯定和爱至关重要。为了不失去这些重要的东西，孩子不得不自我牺牲以此换取更多的生存机会。所以，这种自我牺牲并不是心甘情愿的，只是孩子为了生存或与他人相处的一种策略。但是很显然，这种自我牺牲是反人性的。

自我牺牲的人不承认自己获益

一个经常自我牺牲的人，是无法感知自己在关系中是否获益的。他们内心中有一个很重要的点，就是不能承认自己被满足过，不能承认别人为自己做过贡献、提供过价值。所以，他们也会把自己获得满足的那部分隐藏起来，或者否认它的存在。

那么，处于自我牺牲状态下的人有没有自我满足的需求呢？

当然会有，这种自我满足的需求就是自恋。但是他们不会让别人发现自己也有这样的需求，因为一旦被人发现，这种自我牺牲式的自恋感就受到了挑战或被打破。这是他们无法接受的。

所以，一个自我牺牲型的人，既不承认自己的需求，又不承认他人的价值，始终处于一种矛盾的状态中。

我的母亲就是一个自我牺牲型的人，这与她幼年时的成长环境有关。小的时候，家里兄弟姐妹多，她要照顾弟弟妹妹，并且在过去重男轻女的家庭中，女儿本身就很难得到重视，因此，她在家中是通过牺牲掉"女儿"的这个角色来换取生存的。她从小没有感受过太多关于"女儿"的情感，每天面对的就是如何照顾好弟弟妹妹，哪怕自己苦一点儿也没关系。

而当她长大成家，有了自己的家庭后，她的这种自我牺牲状态便延续到新的家庭里，延续到自己的孩子身上。在我们小时候，如果家里吃鱼，她都会说自己喜欢吃鱼头，把鱼肉分给我们。长大后，弟弟每次买鱼，都会买鱼头很大的鱼，然后把做好的鱼头夹给妈妈。有一天，我的母亲就很生气地跟我弟弟说："你为什么总给我吃鱼头？你以为我真的喜欢吃鱼头吗？你们小时候家里穷，没办法，才把鱼肉给你们吃，我吃鱼头！"弟弟当时特别震惊，说："天啊，为什么不早点儿告诉我们呢？现在我们不需要再过那样的苦日子了呀！"

母亲一直持有的这种自我牺牲的状态，让我们彼此误解了很多年。

自我牺牲是自虐的一种方式

那些自我牺牲型的人，为什么非要牺牲自己成全别人呢？到底是别人要求他这样做，还是他要求自己必须这样做？这是件很有趣的事。

佛家有"割肉喂鹰"的故事，佛祖见老鹰在追捕一只可怜的鸽子，慈悲心起，就从自己身上割肉喂给老鹰，救下了鸽子。这是一种牺牲自我、拯救苍生的行为，用自己的牺牲来满足别人的需求。

但那是佛祖，而我们只是普通人，即使牺牲自我成全他人，也并不会完全无所渴求、无所期待，他们其实是通过这种方式获得一种心理上的满足感。从心理学角度来剖析，这是一种自虐倾向，通过伤害自己、牺牲自己而满足别人又或是报复别人，同时让自己达到一种精神上的满足。简而言之，自虐就是对自己所恨的对象发出爱的邀请。

很多父母经常抱怨自己的孩子是"讨债鬼"，生下来就是向自己讨债的。但如果你一开始就把孩子当成"讨债鬼"对待，那么孩子就成了与你对立的人，这时你对孩子的好、对孩子的牺牲就成了一种自虐。并且，这种父母对孩子一定是有所期待的，从表面看，他们牺牲自己的青春、事业、生活去满足孩子的需要，其实到最后同样需要孩子牺牲自己的利益来满足他们的需求，比如希望孩子出人头地，让自己过上更好的生活；希望孩子能够给自己养老送终，等等。因为牺牲就意味着伤痛，意味着不公，只要有伤痛和不公，就会希望获得代价和补偿。而一旦想要获得代价和补偿，又会破坏两个人的关系甚至整个家庭关系。

在我的一次讲座中，有一位同学问我："老师，既然有些父母都是在牺牲自己养育孩子，那为什么他们要生孩子呢？而且有的家庭还要生好几个孩子！"我告诉他，因为这些人对孩子总是有更多的期望，想让孩子来完成他们人生中无法完成的事，比如更高的事业成就、更优渥的生活、更和谐的家庭关系。在这种情况下，孩子就成了父母的工具人。

自我牺牲型的人还有一个特点，他们在任何时候都会像一个永动机一样，时刻都要做事。什么时候才能停下来呢？就是发现自己受伤或生病的时候，心理学上把这种情况称为"疾病获益"。

有一位我很尊敬的老先生，年过花甲，在儿子家帮忙带孙子。一次遇到他，他跟我说，他很想回老家，但又放心不下孙子，只能待在这里。说完，他又补充一句："看来只能等我生病了才敢闲下来呀！"我听后，立刻回应他说："老先生，想休息时就要休息，请个保姆帮忙也可以的。"

当我们的身体需要休息，但意识又不允许时，我们的身体就会创造各种机会来让自己休息。当这位老先生说等他生病才能闲下来时，他的潜意识就已经决定要生病了。精神分析学家弗洛伊德将潜意识比喻成巨大的冰山底座，人类的各种本能就是大脑的一种潜意识，是人类心理活动中未被察觉的部分，是人们"已经发生但并未达到意识状态的心理活动过程"，而我们能够觉察的意识仅仅是露出水面的一部分。那些被我们压抑的东西，往往都被压抑到潜意识中去了。

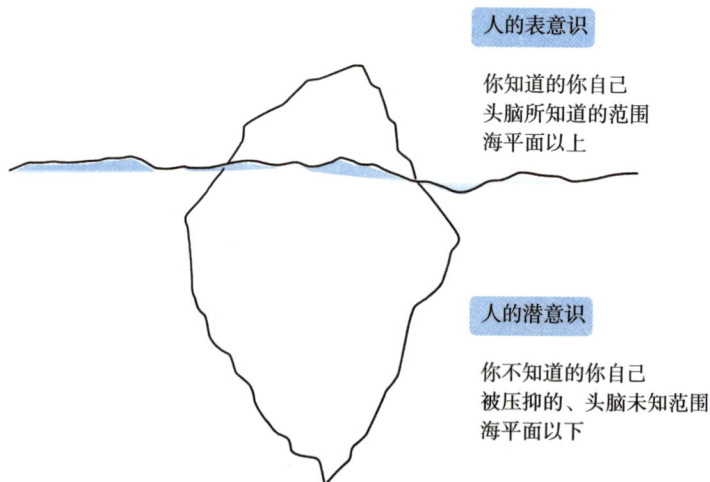

人的表意识

你知道的你自己
头脑所知道的范围
海平面以上

人的潜意识

你不知道的你自己
被压抑的、头脑未知范围
海平面以下

图 4-1 弗洛伊德冰山模型图

自我牺牲型的人总要压抑自己的情感或情绪表达，牺牲自己的一部分利益，压抑自己的一些需求，这些被压抑的情感躲进潜意识中，伺机而动，严重时会演变成一种躯体化症状。

自我牺牲的关系中没有合作

看过冯小刚执导的电影《芳华》的朋友，一定对里面黄轩饰演的刘峰一角印象深刻。刘峰就是一个自我牺牲型的人。在大家的眼里，他是一个"老好人"，对身边的每个人都有求必应。但是你会发现，这么好的人竟然一生都没有朋友。

为什么会出现这种境况？

原因就在于，在自我牺牲者的人际关系中，只有债权人和债务人的关系，恰恰没有合伙人的关系。在正常的人际关系中，人与人之间是需要彼此合作、互相依赖的。但身处债权人或债务人的关系中时，双方就很难建立这种亲密的合作关系，尤其是受人恩惠的债务人一方，更想要远离债权人，因为跟他们在一起会让自己倍感压力，担心自己还不起对方的恩惠。作为债权人一方，明明自己付出很多，却换不来对方真心相待，自己内在的需求无法满足，这时就会觉得特别孤独。

自我牺牲的人如何自救

很多人不愿意与自我牺牲型的人交往，因为他们会经常谈论自己的痛苦，这种情绪会严重影响到别人，并且他们在帮助别人时，还会让别人感觉像在欠债，心里非常不舒服。所以，自我牺牲型的人很难拥有亲密的人际关系。

如果你不想再被这种情绪所困扰，那就要尝试给自己一些帮助。下面的方法，希望可以帮到你。

觉察自己付出背后的真正目的

很多时候，自我牺牲的人只是为了满足自恋心理，目的是感动自己，以一种有"恩"于他人的方式来证明自己的价值，而不在意对方是否真的需要这份付出，结果只会给对方带来压力和愧疚感，甚至想要远离。

如果你真的希望帮助对方，更恰当的做法是不让对方因为你的"恩情"而感到压力和窘迫。所以，在你帮助别人后，不妨时不时地"劳烦"一下对方，让对方帮你做一些他能力范围之内的小事，这就会让对方感觉自己是有价值的，并且能够对你的帮助有所回应。

同样，当别人向你表达感激时，你可以告诉对方："每个人都有困难的时候，能帮到你我很开心，也许哪天我也需要你帮忙呢！"而不是动不动就跟对方说："当初要不是我帮助你，你早就……"这是很难获得对方的友情甚至感激的，因为没有人愿意经常把自己的窘迫、无力甚至羞耻的东西呈现出来，而你不断强调这件事，就等于是在撕碎他的自尊，他又怎么愿意与你亲近呢？

心理学上有这样一个说法：在人际关系中，我们都喜欢被我们帮助的人，而很少去喜欢一个帮助我们的人。以上的内容，就解释了这个道理。

为自己的选择承担后果

我们常说，痛苦会让人改变。但你永远叫不醒一个在痛苦中装睡的人，除非有一天他自己痛得没办法再继续了。所以，如果你执意要自我牺牲、被动选择，那么你就要告诉自己："这是我自己的人生、我自己的选择，与我所付出的对方无关。既然如此，我就要为自己的选择承担后果，而不去要求对方给予我期望的回报。"当然，要做到这一点或许很难，你可以试着在每一次付出前提醒自己。

给自己或关系一个交代

总是带着自我牺牲的姿态进入一段关系，你就只能拥有债务人与债权人的关系，很难找到真正的合作伙伴。所以，如果你觉得自己是一个自我牺牲型的人，又感觉自己的付出、牺牲得不到理解，非常委屈，那么你是否可以做一个选择，让自己从孤独的状态中走出来呢？

实际上，当你能够承认自己在一段关系中也有所获得时，那一刻你就已经实现了自救，你的孤独也得到了疗愈。

有的人可能会说："如果我不自我牺牲，我就会感到很愧疚。"没关系，感到愧疚就哭出来，并且告诉别人："对不起，我不想再继续这么做了，我不能再去满足你的期望和要求了，这样的付出对我来说太沉重了。"说"对不起"、想要放弃付出，并不意味着我们做错了什么，而是我们要给这段关系一个交代，给自己一个交代。这是在帮助我们理清这段关系，理清彼此间的边界，让彼此都知道"对方的期望与我无关，那不是我的期望，也不需要我不断付出"。这样，你才能从这段关系中真正脱离出来，放下自我牺牲，去追寻真正属于自己的生活、自己的未来。

第三节

建立有效社交，看见关系中的你我

社交的误区

社交是指人与人之间的互动交流，是一种社会化能力。当我们还是婴儿的时候，我们会对着父母笑，会咿咿呀呀地"说话"；稍微长大些，我们又会对着其他小朋友说话。这些都是在发展我们的社会化能力。从这些交流中，我们逐渐学会了处理与他人的关系，与他人交朋友，建立自己的社交圈。人的社交能力就是这样慢慢培养起来的。

但是，在成长和学习社交的过程中，有一些人会经历社交障碍。很多刚刚进入新环境的年轻人就容易遭遇适应性障碍问题，不知道怎么与陌生人建立关系，甚至会产生"别人都不喜欢我，不想跟我做朋友"的感觉，让自己陷入孤独的状态。

实际上，当我们想要走近别人的时候，别人也会想要走近我们，因为社交是双向的，大家都有相互交流的意愿。而一些人之所以会遇到适应性障碍问题，往往是因为陷入了单向社交的陷阱。以下四种误区，就很容易让我们掉入单向社交的陷阱之中。

第一，如果我们对一个刚认识的人抱有过分的期待，比如把他当成一个能够照顾自己，并且能满足自己某些需求的人，这就容易导致我们的社交一开始便陷入了僵局。这种场景在相亲中很常见，第一次见面，还没了解对方是谁就给对方提出各种标准或者要求，这种"唐突"通常会吓跑另一方。

第二，在彼此尚未完全相互信任的情况下，就带着想从对方身上攫取利益的目的去交往。很多缺少经验的推销员，一上来就要求你购买他的产品，但是这个产品能提供给你的具体的真正的价值是什么他又说不清楚。

第三，在交往前，先设定自己在别人眼中的意象是不讨喜或惹人厌的。这就意味着我们也不愿意与对方进行深入交流。在演讲表达的培训中，我经常会让学员去感受自己站在台上那一刻的心理活动：是在寻找挑剔的目光，还是寻找支持的目光？如果我们时刻寻找挑剔的目光，那么我相信，接下来的几分钟我们会在台上如坐针毡，时刻担心自己的表现，腾不出精力去了解观众的想法，就更不要说和观众深入交流了。

第四，习惯用单一的方式对待所有人，而不认为每个人都是有个性的。我曾经有一个年轻的男性来访者，他说他每次表白时不管女孩子如何表现，他都喜欢送女孩子鲜花，前两个女孩子都告白成功而答应交往，而第三个女孩子因为他送花而拒绝了他。后来女孩子答复他，在他们前几次约会中，女孩子都表示自己对花粉过敏，然而他对此多次忽视，由此女孩子觉得这个男生并不是真正在意自己。

陷入以上四种误区，就容易让我们的社交陷入僵局。如果想与他人建立连接，我们首先要明白每个人都有自己的特质、爱好、情绪等，在尊重对方的基础之上与对方交往，才有可能建立有效社交。

我经常会介绍我的朋友们互相认识。其中有一位朋友很有趣，每次我介绍朋友给他认识时，他总是对我表示感激，并且不断肯定我介绍的人。关键的是，他不会在一开始就评价对方，只有在我问他我介绍的朋友怎么样时，他才会说："人挺不错的，但我还不是很了解。"过一段时间后，他会告诉我，他跟我介绍给他的朋友成了好朋友，原因是他通过自己慢慢了解发现了对方的优点以及与对方谈得来的地方。这个过程体现出人与人之间交往的边界与社交的规则。

建立社交关系是一个循序渐进的过程，没有哪两个人能够一下子就变成密友或成为合作伙伴。我们不能极度地包裹自己不与他人社交，也不能毫无自我保护意识地将自己全盘托出。如果你不懂得在社交中保护自己，那么你不仅难以获得别人的尊重，还可能会给别人带来很多困扰。就像我们在生活中会看到一些人，第一次见面就把自己家鸡毛蒜皮的小事甚至隐秘之事都分享给别人，或者是刚刚认识就开口向别人借钱，打扰对方的生活。这些行为都是在破坏社交循序渐进的原则，自然很难获得别人的尊重和友情。

建立社交的五个层次

一般来说，我们要与他人建立社交关系，从陌生到逐渐熟悉，再到无话不谈的挚友，需要经过五个层次。

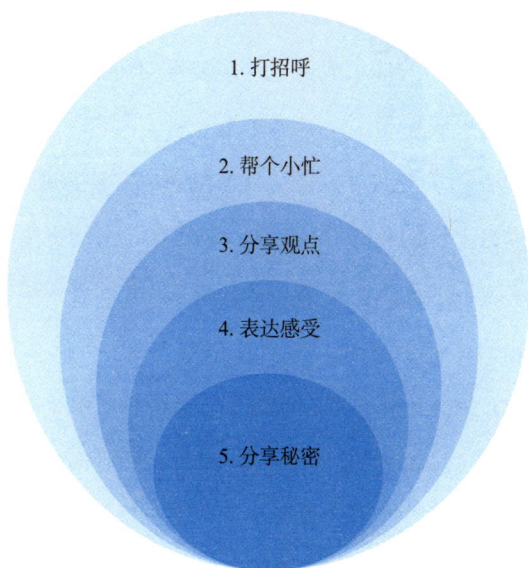

1. 打招呼

2. 帮个小忙

3. 分享观点

4. 表达感受

5. 分享秘密

图 4-2　社交的五个层次

第一，陌生人之间打招呼或阐述事实。

我们刚刚与一个人认识时，第一句话往往就是打招呼，互相说"你好""很高兴认识你"，这表示两个人的关系还很疏远，彼此互动也仅限于打招呼或是向对方问好，以表达自己的善意。接着，我们还可以与对方阐述一些事实。因为此时两个人还不熟悉，没有共同的话题，也不知道对方的爱好与禁忌，而阐述事实不但能为双方提供一个安全的话题，还能缓和彼此间无话可聊的尴尬气氛，打开两人之间的话匣子。

第二，提出诉求或愿望，让彼此有所互动。

在寒暄过后，我们可以根据当时的情境提出一个诉求或愿望，比如我想喝点儿什么、我想去哪里等，与对方形成一定的互动。当然，你提出的诉求或愿望一定要在对方的能力范围之内，否则可能难以形成互动。

在社交中，学会向对方表达自己的诉求和愿望是很重要的。有些话你说出来，别人都不一定懂，如果你不主动提出，而是把自己的情绪、诉求都藏在心里，那么你们彼此间就很难有共同话题，距离也只会越来越远。大家互相猜不透，又怎么能成为熟人、挚友呢？当你告知对方你的诉求，其实也是给予对方成全自己的机会。成全是相互的，你成全了对方，同时也在成全自己。

第三，对某些事件表达观点。

我们可以把当前的一些热点事件、网络新闻等作为谈论的话题，向对方表达一些自己的观点、看法等。这是在向对方表达真实的自我，同时也意味着我们愿意卸下自己的社交面具，耐心地与对方交往，这样才有可能看到更真实的彼此。

第四，对某些事情表达感受。

当我们与对方的关系更进一步时，就可以针对一些事情表达自己的感受了，比如看到某人在朋友圈发表的内容，对某个人做事风格的感受等，是喜欢、赞同，抑或是不舒服。

在《奇葩说》中，傅首尔分享了这样一件事。有一天，她的一位朋友给她发了个信息，信息只有三个字："我离了。"傅首尔看到这三个字后，心里一下子有很多话要对朋友说，但最终她只回了四个字："你还好吗？"

这就是在询问对方的感受，允许对方跟自己分享，希望能与对方建立更深一层的连接。而当我们愿意在别人面前表达自己的感受时，也意味着我们可以真正地与对方在一起，并与对方共情。

第五，彼此分享秘密和真实的自我。

这是社交关系中的最高层次。当我们和对方都感受到自己被真诚对待，且彼此足够信任时，我们就可以把自己的秘密分享给对方。当我们的人生中至少有一位可以坦诚分享的朋友时，就意味着我们有了一个可以看见自己、理解自己，并能够真正爱护和尊重自己的人。

有些人可能会不解，为什么社交一定要循序渐进，而不是一开始就直截了当地与对方分享感受、分享秘密呢？这样不是更容易拉近双方的距离吗?

我之所以建议你循序渐进地建立社交关系,是因为你刚刚与对方相识,对方并不一定想要知道你的感受或秘密,并且一旦对方听到了你的秘密,就意味着要承受为你保守秘密的压力。这涉及心理学上的一个重要概念——自我表露。

自我表露是指向他人透露自己的信息,包括想法、感觉、喜好等。心理学研究证实,自我表露是建立、维持、促进双方关系的最有效保障之一。但我认为自我表露需要建立在自我保护的基础之上,我们要根据自己感知到的不同程度的安全感,选择与对方分享何种信息。所以,随着交往的不断深入,自我表露的内容才会随之改变,从最开始关于兴趣爱好、各种观点的分享,再到个人秘密与隐私的分享,这才是更加合理的社交方式。

社交的五个原则

在社交中,除了要遵循以上五个层次与他人建立社交关系外,我们还要遵循社交中的一些原则,从而帮助我们从"社交小白"进阶为"社交达人",从回避社交到享受社交。社交原则同样包括五个方面。

第一,做一个愿意为他人鼓掌的人。

从心理学上讲,每个人都需要被看见。当我们能看见别人的那一刻,也许自己也会被更多人看见。就像我前面提到的我那位朋友一样，当我介绍其他朋友给他认识时，他总是先为对方鼓掌。相反，如果他一开始看到的都是对方身上的缺点和瑕疵，甚至当面指出来，让人难堪，他就不可能拥有众多的好友，也无法赢得他人的尊重。

第二，尊重自己，同时尊重他人。

在社交中，最常见的两个误区就是太看轻自己和太看重他人。太看轻自己，于是把自己在关系中的位置一降再降，将自己活在了对方的阴影下，对方一句无心的话语，就能使我们的心情左右摇曳、忐忑不安。而太看重他人，是指我们经常将别人看作照顾自己的人，将其视为最好的朋友又或是最亲近的角色，认定对方有义务照顾自己的感受，于是在关系中逐渐得寸进尺，忽视了别人的意见和感受，这是一种自负的表现。难怪总有人发出疑问："我是把你当作好朋友才这么说的，你怎么这样？"

很多时候我们觉得得不到别人的尊重，是因为我们既没有做到尊重自己，也没有做到尊重他人。为什么这么说？回到刚刚那个演讲的场景，我们为什么会寻找挑剔的目光？最根本的原因是我们觉得自己可能存在让别人挑剔的地方。尊重也是如此，当你能够尊重自己的内心，同时倾听他人的想法，才能收获一段恰如其分的关系，关系中的角色也能够回到他们本应该在的位置上。

第三，要有循序渐进的分寸感。

所谓分寸，就是人与人之间的边界。经常有人跟我分享他们经历过的一些尴尬时刻，比如把自己的秘密告诉给了别人，结果转眼间这个秘密就被传开了。那一刻，他既愤怒、难堪，又后悔。

罗曼·罗兰曾经说："有些事情是不能告诉别人的，有些事情是不必告诉别人的，有些事情是根本没有办法告诉别人的；而且有些事情是，即使告诉了别人，你也马上会后悔的。"

所以，社交过程中的拿捏与知晓分寸显得尤为重要。在彼此关系没有到达一定程度的时候，如果没有边界地随意把自己呈现给任何人，自己的脆弱或是强大，都有可能成为日后困扰的来源。分寸感既是一种对自己的保护，也是一种对彼此关系的保护。

第四，向对方表达善意。

交往需要两个人互相走近对方，但如果两个人的关系变成了互相对立，那就说明这段关系中的某一方可能不是带着善意的；或者说其中一方给另一方贴上了"恶意"的标签，所以才会在对方想要走近自己时选择了逃离。

而表达善意，则是向对方释放友好的信息，告诉对方：我愿意接纳你，我想跟你有更多的交流、交往与合作。这样彼此的关系才能更近一步。

第五，遵循价值交换原则。

当一个人认为自己没有价值，无法对别人有贡献、有帮助时，就会觉得自己很糟糕，很孤独。但是，在你不断成长，不断追逐优秀的过程中，你的价值会不断提升，你在社交中也就具有

恰如其分的孤独

了吸引力。在与别人交往时，你不但拥有充分的自信，还会自带吸引力，让别人愿意主动走近你、与你结交。

这就提醒我们，想要远离孤独，建立真正的社交关系，关键一点就是要不断提升自我。我们可以通过两方面来实现这个目标：一是向内探索，寻找自身的闪光点，并将其发扬光大，同时停止对自己的否定，增强自己的信心；二是向外拓展自己的社交圈，与愿意支持你、帮助你的人建立联系，打造自己的社交系统，不断积累自己的社交资源。当你变得比以前的自己更好、更优秀时，你的自我价值自然就获得了提升。

这里有一点要注意，有些人会处于一种自恋状态，喜欢事事以自我为中心，希望所有人都围着自己转，却不愿意为别人付出或提供价值给别人，时刻想的都是如何从别人身上获取利益。这样的人一定是孤独的。

如果你恰恰是这样的人，那么我建议你试着改变自己，学着去为他人提供价值。在心理学上，为他人提供价值被称为是"他者贡献"。《被讨厌的勇气》一书中说："'他者贡献'并不是舍弃'我'而为他人效劳，它反而是为了能够体会到'我'的价值而采取的一种手段。"我们最容易理解的"他者贡献"就是到社会上工作或参与劳动，这些方式并不完全是为了赚取金钱，还为了实现"他者贡献"，体会到"我"对他人是有用的，进而获得自己的存在价值。这时，我们不但看到了自己的价值，还获得了别人的尊重，拥有了更好的人际关系。

第四节

告别无效社交，减少自我内耗

社交是必需品吗

有一次，一位来访者问我："胡老师，人一定要有社交活动吗？今天公司有聚餐，大多数同事都参加了，我也去了。但其实我非常累，只想回家休息，而不是去应酬社交。我也想过拒绝，但这是公司聚餐，不去好像又不合适。所以那个晚上我不得不强打精神参与聊天，饭也没吃几口。结束后我回到家就直接瘫在沙发上，一动不想动，实在太累了！"我可以感受到，这位来访者是真的无助且疲惫，似乎所有的精力都被消耗完了。

人一定要去社交吗？如果不社交会不会很孤独？

实际上，只要你身处各种关系当中，就一定会有社会交往或者人际互动。有时这会成为我们生命中难得的滋养时刻，但有时也会消耗我们的时间和精力，让我们感到非常疲惫，尤其是当你在一段关系中没有任何收获，或是必须不断去讨好别人，又或是被别人忽略时，就会越发感到被消耗，委屈感、孤独感随之而来。在这些时刻，我们情愿一个人待着，也不愿去社交。

然而，社交又是人类的基本需求，每个人都需要分享和互动。诺贝尔和平奖获得者特蕾莎修女说："生活中没有'他人'的存在，比世界上最严重的疾病更加让人无法承受。"社交是我们在自我社会化时的一种能力，也是人类认识自我、理解他人和感知社会的最有效的工具之一。但是，不是每一段社交关系对我们来说都是有益的，只有真正能滋养我们，让我们感到舒服的关系，才是我们需要的关系。

那么，什么样的社交关系才是好的滋养关系呢？或者说，怎样定义有效社交呢？

它一定包含以下三点：

第一，有效的社交关系是能够建立合作的关系。

从生物角度来说，人是群居动物，不是独居动物。没有社交，个体很难独自生存，因为社会上的绝大多数事情都需要人与人合作才能完成。尤其在原始社会，想要生存，人们就必须彼此合作、彼此依附。婴儿刚出生时需要被妈妈照顾，爸爸外出打猎给家庭提供食物，孩子长大后逐渐开始对家族有所贡献，也开始照顾衰老的上一辈，直至死亡。这个过程就是人类自古以来群居的生存方式，充满了合作与分工。因此，一个有效的社交关系一定不是一方单方面的付出。

第二，好的社交能够为我们带来归属感。

当一个人与其他人之间没有任何关系连接时，就失去了归属感，同时自己也会产生强烈的虚空感。你会发现，自己身边没有家人、没有朋友，没有人关心你，更没有人牵挂你，似乎全世界都把你遗忘了，这种感觉非常糟糕。在《鲁滨孙漂流记》中，鲁滨孙长期独自一人生活在一个孤岛上，内心空虚而绝望。他用捡来的皮球做成人偶，说话给人偶听。在这里，人偶就是一个很好的陪伴客体。

一个长期处于没有连接的状态的人，更容易出现抑郁倾向。要解决虚空感，一般有两种方式：一种方式就是积极地与他人建立连接，来到我这里的一些年轻来访者，他们会经常组织和参加各种各样的群体活动，一起出游、一起运动，其潜意识就是在寻找一种群体中的存在感。另一种方式是让自己的内在充实起来，当内在的自我相对丰盈时，比如有自己的信念和追求，有自己热爱的事情，并能从中获得很多成就感和满足感，找到自己存在的意义和价值，虚空感也会减少。

第三，好的社交能帮助我们获得成长与成就体验。

一些有着共同爱好与目标信念的社交，对于我们来说也是一段深度连接的关系。如果你有一个一起打球的朋友，你们可能会各自苦练技术，然后相约一起比赛切磋，你们之间相互竞争却又相互合作，你们是亲密的战友也是亲近的对手，你们借助彼此完成共同的目标：提升球技，获得成就体验。其实不仅仅是运动，这种体验在其他兴趣爱好或学术研讨上也很常见，社交中很多观点的碰撞会让我们产生看待事物的新鲜角度或是新的灵感。

无效社交的五种类型

有效的社交对我们来说是有益的，与其相对的是无效社交。我在关系心理学中将其总结为五种类型。

无连接式社交

大部分关系得以维系，本质上都遵循价值交互原则，社交更是如此。缺乏深度的价值交换，或只有单方面的价值提供，都难以构成一个良好的社交关系。

举个例子，你跑到一个聚会上，跟一群陌生人嘘寒问暖，全程笑脸相迎，互相敬酒、加微信、留电话号码……然而两三天之后，你已经完全记不清谁是谁了，对方在你印象里没有留下一点儿痕迹。同样的道理，你在对方的心中也很难留下什么影响。

另一种情况是，你可能认识某个人，甚至对这个人了如指掌，但对方完全不认识你。这种情况很像现在的年轻人追星，对明星的情况如数家珍，可你喜欢的明星完全不知道你是谁。这也是一种无连接式社交，或者叫单向连接的社交。

面具式社交

　　在社交活动中，你会发现你在职场中呈现出来的、与同事之间相关联的自己，与独处或与更亲近的人在一起时的自己，是完全不一样的，这被我们称之为"社交面具"。"社交面具"可以帮助我们去打造自己的人设，以便在社交中用完美的形象与别人建立关系。但"面具"戴久了，你就无法跟他人建立深度的、有连接的社交关系。这就像有些人说的，自己明明跟某个人相处很久，认识多年，却对对方完全不了解，或者说别人也完全不了解我们。这就是因为我们与对方进行的是一种面具式社交。

　　面具式社交是我们适应世界的一种方式，每个人在不同的场合也许都需要有自己的社交面具来自我防御。这种防御是来自我们无法接纳真实的自己，从而认定对方也无法接纳，所以我们把理想化的自己投射在自己身上。

|　　自我探索练习　|

　　想要了解自己的"面具"，我有一个小游戏可以帮助你完成，你可以根据我的描述来试一试。

　　想象一下，在傍晚夕阳西下的时候你走进一片森林，忽然在你面前出现了一只动物，凭你的直觉，你觉得自己遇到的是什么动物？

接着，你与这只动物打了个招呼，这只动物表现得很友好。你继续向森林里走，这时，天色已经暗下来，森林里也越来越黑，忽然你遇到了第二只动物。凭直觉判断，这只动物会是什么呢？

随后，你继续向森林深处走，此时天已经完全漆黑了，森林里更是漆黑一片，而你在森林深处遇到了第三只动物。同样凭直觉判断，这只动物会是什么？

当你想好了这三只动物，接下来我告诉你答案：

你遇到的第一只动物，代表的是你想要呈现给别人自己的样子；第二只动物，代表的是别人认为你想要传递的样子；第三只动物，则代表的是你自己认为自己是什么样子的，或者说，你在潜意识中与哪种动物的特质相似。

有人可能认为，戴着面具社交不真诚，但是社交面具的目的是让我们更好地适应自己的角色，如社会角色、家庭角色等。当然，如果我们始终戴着面具去建立任何社交关系，那么肯定难以与别人建立深度连接，自然也会不可避免地陷入孤独之中。

自恋式社交

自恋式社交也称为自体自恋的社交方式，它通常是为了吸引他人的注意力，以此来满足自己的内心需要。

有些小孩子喜欢在课堂上搞一些小动作，如忽然把一个东西扔到地上，发出声响，或者故意做一些奇怪的动作，吸引同学们的注意力。在这样做时，其他人都成了他的观众，或者说都是"他"的一部分，他们都来关注"他"，进入"他"的剧情里，所以他们也是"他"完成自恋的一个工具。

以这种方式与他人建立社交关系，往往需要他人来配合我们的互动，如果对方不配合，我们就会感觉很受伤、很愤怒，甚至很委屈。但显然，这样的社交并不是一种正常、平等的社交关系，也不属于有效社交。

被动等待式社交

这是一种被动且矛盾的社交方式，简而言之需要满足两个条件：一是我们想社交；二是我们不主动，而是等着别人主动，类似于"姜太公钓鱼——愿者上钩"。

一些年轻人在刚刚进入一个陌生环境时，不知道该怎么跟周围人建立关系，觉得别人不愿意跟自己交朋友，自己也不想打扰别人。每天形单影只，但他的内心又很渴望别人主动来跟自己打招呼、交朋友。

实际上，如果你不能主动走过去，或者不能向对方发出一些相对真实、明显的社交信号，那么你是很难与别人建立关系的，别人也会认为是你先不喜欢他们，不愿意与他们交往。

　　　　　　　　　　　　恰如其分的孤独

无合作式社交

我们建立社交关系不是为了"利用"别人，但如果你身边的朋友平时只能和你一起喝喝酒、吹吹牛，一旦你遇到需要帮忙的事，就立刻跑得不见人影，那么这种社交关系就是一种无合作式社交。因为它对于我们的生活没有太多益处，于我们自身的能力、成就等也毫无提升，也许只能帮助我们暂时逃避空虚，而狂欢之后，又是更加无穷无尽的空虚。

社交回避是一种主动选择

有些朋友跟我说："我感觉自己有社交障碍，不愿意社交。其实我很想突破自己，却无能为力，所以只能自己享受孤独了！"

生活中确实有很多这样的人，面对社交时，他们往往是能躲就躲，能不说话就保持沉默，甚至还会给自己找个合理的理由——享受孤独。

这种社交回避到底是想要享受孤独，还是因为觉得与人交往太累，想要逃避？这一点我们要弄清楚。

人都有趋利避害的本性，如果说享受孤独是一种趋利行为，那么它同时也存在一些避害因素，也就是回避了那些对我们造成损耗、有坏处的人际交往。当然，这里说的"坏处"并不是说我们与他人交往会遭受伤害，而是说我们需要付出很多精力去维系关系，这对我们来说很累、很烦恼；或者一个人对我们有很多需求，我们满足不了对方，会感觉愧疚、过意不去；又或者我们与对方建立社交关系后，未来有些东西可能会影响到我们自身的利益，等等。为了避免社交对我们造成损耗，我们就会选择社交回避。

　　社交回避主要有两种表现形式：一种是因为自己的社会功能相对较弱，或者我们曾在某些社交关系中受过挫折和伤害，这时就会表现出回避；另一种是我们觉得社交会消耗掉太多的精力，让我们感觉疲累，也会选择回避。拿我自己来说，我年轻时也会和很多朋友经常在一起聚餐、喝酒，年少轻狂，需要很多刺激才能让自己不那么无聊空虚。后来我渐渐发现，这些活动太消耗我的时间和精力了，而且除了暂时排解空虚，其他并无益处。随着对自己的了解，我发现这些社交唯一满足我的部分是对自卑情结的补偿，我在通过一些无意义的竞争方式，来获得优越感。觉察到这一点，我的生活开始有了很大的变化，我开始回避这样的社交，同时把自己的时间和精力转而投注一些对我更有意义的事，比如工作，比如独处。

　　所以，是否选择回避社会交往，关键在于你的主动选择，而不是不得已而为之。人生本就充满了选择，社交回避也只是选择中的一种而已。

第五章

真正的自我接纳

第一节

如何从自我挑剔转向自我接纳

你的自我接纳程度

我们常说要接纳自己的不完美，不论自己高矮胖瘦、聪明愚钝，都要坦然接纳。但是，我们是否真的能做到这一点呢？会不会有一些时候，我们也会讨厌现在的自己呢？

| 自我探索练习 |

在美国人物故事类电子杂志 *Thought Catalog* 中，有一篇文章恰好阐明了几种我们讨厌自己的迹象。你可以对照这几种迹象，测试一下你对自己的接纳程度。

1. 你是否总是沉迷于社交媒体？

当你讨厌自己、自我接纳程度较低时，你就会总想得到别人的认可。这时，你会忍不住经常检查自己的社交媒体账号，看看自己在里面发表的文字或故事有多少人点赞或关注。而实际上，如果你在现实生活中足够接纳自己、喜欢自己，你就不需要在意别人是否喜欢你。

2. 你是否难以接受别人对你的赞美？

自我接纳程度低的人，很难相信自己完全值得称赞。无论被多少人称赞，你都不会相信他们，甚至会怀疑他们别有用心。这种过度的自我批评很容易扼杀你的自尊心，让你活在自我贬低当中。

3. 你是否总喜欢戴着"面具"，不敢向他人展示自己真实的一面？

当一个人不喜欢做自己时，就会非常努力地想要成为他人的样子，以至于在别人面前时总会戴上"面具"，隐藏真实的自己，以期给别人留下更好的印象。其实当你足够爱自己、接纳自己时，你完全不需要在意他人的印象。你只需要做自己喜欢的事，取悦自己，就会被那些真正接纳你的人所包围。

4. 你是否很在意他人的否定或批评?

你很在意别人对你的看法,却不相信别人对你的赞美,反而对别人的否定或批评看得太认真。对你来说,他人的看法很重要,因为你要通过他们的看法来看待自己的成败。其实,他人的否定或批评对我们并没有那么重要,我们也完全没必要被他人的观点所控制,因为这是我们的生活,而非他们的。

5. 你是否总喜欢把自己和别人进行比较?

你很少会对自己拥有的东西感到知足,经常认为自己生活得不如别人。这不但会让你自怨自艾,甚至会产生强烈的嫉妒心,而这种破坏性的习惯又会让你更加讨厌自己。

6. 你是否不敢进入一段深度的亲密关系中?

对于你来说,坠入爱河是一件可怕的事,因为你很难在别人面前展示出自己脆弱的一面,你也不希望他们意识到你并不完美,你甚至不能完全接纳真实的自己。这样的你,一直都在专注于自己的缺点而不是优点,所以也不愿意相信别人会爱上你。

7. 你是否经常自我怜悯或自我同情?

当一个人讨厌自己、无法接纳自己时,自我怜悯或自我同情就会成为一种习惯。你总是会让自己陷入悲伤之中，对自己的生活有很多抱怨，认为生活毫无色彩，甚至喜欢到处张贴悲伤的语录，让别人知道你有多悲伤。但你忘了，你才是唯一能让自己快乐的人，其他人根本无法拯救你，因为每个人都在忙着拯救自己。

8. 你是否害怕拥有远大的梦想？

你经常看不起自己，也不相信自己会成功，所以从来不敢有远大的梦想，更害怕超越自己当前的舒适区。当然，这还源于你讨厌被拒绝和失败，因为这会加重你的自卑，让你觉得自己一文不值。为此，你宁愿躲在自己的安全壳里，也不愿去接触那些机会。

9. 你是否总喜欢自我责备？

一旦犯了错或出了什么问题，你就会不断自我责备，很难原谅自己，也看不到自己为此做出的努力，反倒觉得自己的努力永远不足以让别人接受你。这是因为你太在乎别人的认可，喜欢把各种重担都放在自己的肩上。

10. 你是否总对周围的环境充满抱怨？

当你无法接纳自己身边的一切时，就会讨厌自己生活的世界，这时，你的消极情绪就会蔓延，对周围的一切都感到不满。实际上，你这是在试图逃离自己，而不是自己周围的环境。当你足够爱自己、接纳自己的时候，无论这个世界多残酷，你都永远不会有想要逃离现实的感觉，因为吾心安处即是家。

以上虽然不算是一个标准的心理测试，但如果你的答案偏"是"的居多，那么你可能需要在自我接纳程度上多一些觉察。而接下来的内容，将会让你对自己有更深刻的理解。

几种常见的自我挑剔

"爱自己有多难，攻击自己就有多简单。"

对有些人来说，爱自己有着非常苛刻的条件，比如："我必须做好每件事""我必须成为完美的人""我必须得到所有人的喜欢"……这些条件的背后往往是深深的自我谴责与自我挑剔，因为这些"必须"都是对自己不合理且过度的期待。当自己不能成为这些期待中的自己时，就会感觉非常糟糕，为此还会寻找各种理由来攻击自己。当一个人始终处于自我攻击的状态中时，很多努力都会变成徒劳。因为即使在努力的过程中，你也在不停地挑剔自己，认为自己的努力就是在做无用功，所做的一切都达不到你心中的标准，所以你更加无法接纳真实的自己。

生活中有很多人都会对身边的人或自己比较挑剔，我们常把这类人称为"完美主义者"。但他们大多数时候对自己的评价并不高，在人际交往中也缺乏自信。这不但会影响人际关系的建立，还可能会给他人和自己造成伤害。

自我挑剔主要有以下几种常见的表现。

过度追求完美

过度追求完美的自我挑剔有一个特别形象的描述，就是"鸡蛋里挑骨头"。他们总是用一种非常挑剔的眼光看待自己，事事追求完美，甚至有些强迫倾向。一个典型的表现就是："只有我……，才完美"。

我曾见过一个被诊断强迫症的患者，他每天要花 11 个小时洗澡。询问后我知道，原来他在每次洗澡之前，都要把他洗澡的过程在脑海里演绎一遍：脱睡衣要从哪颗纽扣开始；从卧室走到浴室，先迈哪只脚；到了浴室后，检查每一件用品都在哪些地方；洗发水要按几下；先从哪个身体部位开始洗；先用香皂还是先用沐浴露，等等。光听到这些，就已经令人头大了，然而这还不算完：等他这样在脑海里演绎一遍后，他开始实施刚刚的洗澡计划，在实施阶段，但凡有一点点和他的演绎不一样，他都要重新从最开始的起点来过。比如演绎时是先刷牙，但是实际操作中先拿起了香皂，那么他会回到原点重来一遍；比如过程中有人敲门，打断了他这个洗澡，那么他会回到原点再来一遍……就是这样一遍一遍，直到最终的实施和脑海演绎的情景与顺序一模一样，他才算是洗完澡。

我问他："如果你不这么做会怎么样？"

他说："如果实际操作和脑海里演绎的不一样，就不完美了，我会很不舒服，反复想着这件事，什么都做不了，一定要完全一样才可以。"

这个案例是过度追求完美的极端案例。如果有这种程度的强迫，建议要去医院就诊。当然还有些生活中常见的情况，比如有些人觉得今天的工作如果没能做完，今天就不完美了，所以即使很累，也要把今天的事情完成才能睡觉。再比如有些人做事十分细致严谨，一份文件要检查五六遍才能放心上交。

的确有很多工作岗位需要这份细致严谨，好比会计需要将每一笔账目、每一个数字都核对仔细，不能出任何差错。在这种情况下，适当的挑剔有助于我们精进工作。然而，每个人的内心中都有追求快乐、追求放松的需要，如果我们不分场合事件地去追求完美，不懂得如何自我安抚，那么我们的体验将会是单一的、重复的，甚至还有可能是痛苦的。给自己定一个恰当的目标，有助于我们把事情做得更好。

临床医学上关于强迫症的诊断有一个很重要的标准，就是当事人是否感到痛苦。如果我们平时是一个追求完美的人，那么可以去体会一下，这个行为对我们来说是愉悦还是痛苦。如果是痛苦的，那么我们是否有意愿给自己松松绑，向自己或者向他人寻求一些帮助，来缓解一些痛苦呢？

追求完美是一种挑剔。这种挑剔有可能给我们带来良好的或者糟糕的体验，只是要看我们正经历着什么，以及出于哪种场景的需要。

经常让自己处于劣势视角

不知道你是否听过这样一个故事：一张桌子上放着一个玻璃杯，杯子中有水。一个人走过来看到这杯水，说："这个杯子中装了半杯水。"另一人走过来却说："这个杯子少装了半杯水。"

虽然我们把自己看成一个整体，但有时候我们会盯着其中的一部分不放，尤其是盯着劣势的一方面不放，这就是一种挑剔。就像孩子拿着99分的卷子回家，有的家长看到了会说："哇，你考了99分，真棒！你一定付出了很多努力吧！"而另一些家长则会说："为什么没考到100分呢？那1分是在哪个题目上丢的？是不是因为你不认真？"

我曾经给一个医美机构的会员做过一次讲座，他们中有不少人都做过整形手术。在和他们的互动中，我发现有些人尽管已经做了好几次手术，却仍然对自己的外表不满意，哪怕身体已经无法承受了，也依然不放弃。其中很多人都对自己脸上、身上的各种小细节百般苛刻，为了处理这些小细节，他们宁愿让整个身体承受手术的痛苦。

这是一种对自己身体的深深的自我挑剔——针对自己表现出来的每一个细节都感到不满意，这种不满意是一种劣势视角。喜欢用劣势视角看待事物的人，不但会挑剔自己，还会挑剔别人。

有一次，我跟一群人在一个沙龙中探讨问题，其中有个女生就谈到，她不但无法忍受自己身上的瑕疵，也无法忍受男友身上的瑕疵，甚至看到男友脸上有个痘痘或黑头都不行，她必须要给他挤掉。后来发展成每天晚上睡觉前，她都要拿着放大镜在男友脸上仔细检查，不放过一点儿瑕疵。一开始男友还能接受，后来就忍无可忍了，两人为此经常吵架。

就如那个古老的谚语，一个硬币有其正反两面，如果只看到劣势的部分，毫无疑问，这就是一种挑剔。

习惯性自责

有些人一旦事情做不好，便会习惯性地问责于自己，这时如果受到一些惩罚，他们内心反而会好受很多；反之，内心就会饱受煎熬。从这个角度来说，自责也是一种自我惩罚。而经过一番自责和自我惩罚之后，他们的内心就会获得一定的平衡和平静。我们把这种状态称为自恋受损的补偿。

举个例子，在很多亲子关系中有这样一种情形。妈妈因为愤怒打了孩子一顿，打完后感觉很后悔，便抱着孩子哭，开始自责："唉，我怎么这么狠心呢？他还那么小！我真是该死！"有的妈妈甚至还要打自己两下，作为对自己的惩罚。因为她意识到打孩子这件事是不被允许的，是对孩子的一种伤害，孩子为此感到痛苦，而这种痛苦就是妈妈造成的。所以，妈妈认为，这个做坏事的人正是自己。当妈妈无法承受自己是做坏事的人时，她就会通过自责的方式把自己再变成一个好妈妈，补偿自己自恋的损伤，让内心好受一些。

这里的自责就是一种自我挑剔——由于无法承受这种挑剔，所以才有了后续对自己的惩罚，以此来缓解自责。

再延伸一点，自责有时就是为了推责。在一段关系中，最喜欢自责的人恰恰可能是最喜欢推责的那个人，也是最不负责的那个人。经过自恋损伤补偿，他们会获得一定的心理平衡，但是这并不代表下次他们就不会再犯同样的错误。精神分析中有句话是说："打完孩子就立马后悔的父母，是为了下次还有打的机会。"

沉溺于自怜状态

自怜，顾名思义，就是自我可怜的意思，也就是总盯着自己可怜的一部分，感觉自己受伤了，是弱者。我的很多来访者都带着这样的心态。如果你安慰他"你这不算可怜，那些断手断脚的人不是比你更可怜"是完全没有效果的，因为对方根本无法在自怜状态下与你说的那些人或事建立有效连接。他们始终都处于自己的世界中，不能与其他任何人形成同理和共情。

还有的人很自卑，这也是自怜的一种表现。他们首先会挑剔自己，觉得自己不够优秀，身边的人都比自己好，自己为人处世很糟糕。完成这些挑剔之后，自怜就发生了："我怎么这么没用""我怎么这么没出息""我怎么这么糟糕"……即使你告诉他，他已经足够优秀了，他也不会相信，因为他同样很难与外界建立连接，他对外界的声音是无感的，就像被遮住了眼睛、捂住了耳朵，处于一团黑暗之中。不用眼睛去看，也不用耳朵去听，更不用身体去感受，自然就会完全陷入自己的状态中出不来。

如果一个人沉溺于自怜状态中，就会感觉自己非常孤独，无法与他人建立有效连接，外界信息也无法进入他的大脑和内心。

为什么会自我挑剔

自我挑剔的人很多，有些人喜欢把自我挑剔、完美主义当成是一种优点或缺点，但我更喜欢中立一点儿，我把它称之为一个人的特质。

那么，这种特质是如何形成的呢？人又为什么会自我挑剔呢？

我认为源于以下几种原因。

追求理想化的自己

想象一下，当我们对别人说"我是一个追求完美的人"时，内心的感觉是怎么的？通常我的内心都是有些沾沾自喜，甚至有一定的优越感。因为在很多人的认知里，普通人是不会追求完美的，追求完美的人一定对自己有更高的要求和期待，是超越常人的存在。

所以你看，在很多时候，人对自己挑剔、追求完美，其实是在追求一个理想化的自己或是理想化的世界，并因此得到一些优越体验。

依恋关系决定人生底色

我的一位朋友因为怀疑妻子是否爱自己而备受困扰，并且跟我分享了他小时候和妈妈的一段心路历程。他说，他以前经常会产生一种妈妈不理他、对他不好的念头。比如他想拉妈妈的手而被妈妈甩开了，这时他就会感觉到一种被抛下的痛苦，并且很长时间走不出来，觉得自己就是个不被妈妈喜欢的孩子。

而真实情况是，他的妈妈在老家上班，每次来看他都要提前加很多天的班，攒够调休的日子，才从大老远的老家跑过来看他。如果一个妈妈不爱自己的孩子，怎么能做到这些呢？

当他转换一个角度再思考这个问题时，他就产生了一种错乱感：基于过往的感受，他笃定地认为妈妈不够爱自己，但分析妈妈的行为后又觉得妈妈是在乎关心自己的。那么，妈妈到底爱不爱这个孩子？孩子认为妈妈不爱他到底对不对？

从朋友的这个案例中，我们发现，他其实陷入了与妈妈亲密关系的怀疑状态。导致这种状态的原因，就是他对妈妈没有经常陪在他身边、与他形成互动的一种不满的感受。后来我了解到，他的妈妈也曾有过和他类似的经历，在她很小的时候，母亲就离世了，所以她也没有得到过太多母爱。而当她当了妈妈后，也不知道该如何对待自己的孩子，只能用这样一种方式，就是不管多远多难都抽时间去看望孩子，来表达自己的爱。

在前文讲述关系模式的内容时，我们说过，在客体关系配对过程中，存在一种孩子与父母之间的关系模式。比如有些父母本身很挑剔，那么与这种挑剔的父母配对的孩子就会很懦弱、很自卑。他们不敢与父母争辩，不敢与旁人争论，也不敢去维护自己的利益，受人欺负或被伤害时也没办法保护自己。之所以如此，是因为他们内心充满恐惧，并且把这种恐惧投射到了身边的人和事物身上，对周围的一切都是战战兢兢、如履薄冰。

这一切的表现，都与一个人外在世界的起始部分有关。在大多数情况下，这个起始部分就是与妈妈的关系，或者是与最重要的抚养者的关系。妈妈或直接抚养者为孩子营造了什么样的环境、什么样的世界，这个孩子认为的世界就是什么样的。

法国精神分析学家拉康认为，孩子使用镜子是自我发展的一个关键点。而精神分析学家温尼科特进一步延伸，把妈妈的脸比拟为一面镜子，认为孩子看到的妈妈的面部反应，会成为孩子塑造自我认知的关键。如果妈妈在陪伴孩子时有任何抗拒、排斥或者不开心，孩子都会觉得自己不好，然后忽略自己而去服从妈妈的反应。

孩子与妈妈或直接养育者的这种依恋关系，就决定了他的人生底色，而这种底色又决定了他长大后会戴着哪种滤镜去看待这个世界。如果这种依恋关系是痛苦的，那么这种痛苦就会成为他与外界建立各种关系的底色。尽管如此，他仍然会依照这种感受去寻找客体，再次感受外界给他带来的痛苦，心理学称其为：强迫性重复。

"阿尔法功能"和"贝塔元素"

阿尔法（α）和贝塔（β）是精神分析学大师比昂在客体关系理论中所使用的符号。

首先了解一下这两个概念：阿尔法元素和贝塔元素。

比昂认为，人的情感分为两种，能够承受的情感就是阿尔法，承受不了的情感就是贝塔。把贝塔元素变成阿尔法元素的功能，就是阿尔法功能。简单来说，阿尔法功能就是帮助一个人转化情感的功能，尤其是将负面情感转化为正面情感的功能。

依据比昂的理论，在妈妈与孩子之间，妈妈就是拥有阿尔法功能的人。当孩子刚出生时，对这个世界毫无认知，对周围陌生的环境也充满了疑惑和恐惧，这就是孩子产生的贝塔元素。在孩子无法承受时，就会把这种感觉反馈给妈妈。如果妈妈能够安抚孩子的情绪，消除孩子的恐惧，那么妈妈就具有一定的阿尔法功能。

比如孩子在幼儿园被其他小朋友欺负了，孩子回来后告诉了妈妈，并表示自己很难过，不想上幼儿园了。有些妈妈听后就会非常焦虑："你怎么能不上学呢？""他欺负你，你就要打回去呀！""你难过也没用，妈妈也没办法呀！"……面对妈妈这样的反应，你的感觉如何？你认为妈妈有没有帮助孩子很好地处理了问题呢？孩子听了以后，会是什么感受？原本不好的感受还在吗？

我们再来看，如果妈妈这么说："他打你让你很难过，对吗？来让妈妈抱抱！""妈妈理解，你明明没有做错，但他还欺负你，你很委屈，对吗？"孩子听后会是什么感受呢？和刚刚妈妈的表述相比，感受有不一样吗？

第二种表达，对于孩子来说，更多的是一种被看见的感觉。我们常说安抚，其实并不是说直接帮孩子去处理问题，而是看见孩子的感受和情绪，接住并转化它们，再反馈给孩子。这就是阿尔法功能。

张沛超老师有一个很有意思的比喻，孩子丢给母亲一个烫手的山芋，母亲先心疼被山芋烫到的孩子，再把烫山芋吹凉，交回给孩子手上。这样一来，孩子不但得到了一个温度适中、可以食用的山芋，而且还能学习到下次如果遇到烫山芋该怎么处理。这里的烫山芋就是贝塔元素，母亲的一系列操作就是阿尔法功能。一个拥有阿尔法功能的母亲，能够培养一个拥有阿尔法功能的孩子。这个孩子在成为父母以后，同样可以赋予自己的孩子阿尔法功能。相反，如果父母不具备阿尔法功能，或者功能相对较弱，他们的孩子也同样无法很好地发挥阿尔法功能。如此一来，从某种程度上来讲，阿尔法功能也可以说是一个家庭的"传家宝"，是父母给予孩子的美好礼物。

与攻击者认同

前文提到，当我们有了一个客体后，这个客体会在我们内心塑造一个客体意象，我们对这个客体意象会深深认同。所以，我们幼年时被对待的方式会成为我们对待自己和对待外界的方式，而且这种对待还会成为我们生命中最重要的客体意象。这个客体意象一旦在我们内心形成，就会呈现比较稳定的状态，影响我们一生。

当然，也有一些不稳定的客体意象，比如分裂的、喜怒无常的，这主要源于父母在我们幼年时给予我们的体验是什么样的。同样，一旦这个分裂的客体意象在我们内心形成，我们就会觉得世界上所有人都有分裂的客体意象。

比如妈妈经常挑剔自己的孩子，认为孩子样样不如意，长此以往，一直生活在批判中的孩子就会变得懦弱、不自信。即使孩子长大后，这种客体意象也会深深烙印在他的内心。当有一天孩子成为父母，他虽然不认同妈妈曾经对待自己的方式，却也会在不知不觉间重复妈妈曾经的教育方式，并将这种方式用在自己孩子身上。也就是说，他们会在无意识中伤害更加弱小的对象，用同样的途径发泄自己当年的不满，让自己从长久的压抑的愤怒中释放出来。这种防御机制在心理学上被称为与攻击者认同，也叫主客体关系的转化。

所以，很多经常自责的人，也喜欢责怪他人；很多自我挑剔的人，也对别人有诸多挑剔。但更多时候，责怪和挑剔都是一种

恰如其分的孤独

攻击，是与攻击者的认同：我不想被别人责怪、不想被别人挑剔，那我就去责怪别人、挑剔别人。

如何做到自我接纳与自我关爱

什么是自我接纳与自我关爱？

简单来说，自我接纳就是成为自己的容器，而自我关爱则是让自己具备阿尔法功能，学会去觉察自己、改变自己，处理自己的感受和情绪。

但是，有些人没有这种功能，该怎么办呢？

也很简单，如果你的关系中的另一半能够包容你、接纳你、关爱你，那么你很幸运，你的另一半正在疗愈你。如果你的生命中没有这样一个客体，那么你也可以去寻找一些外在资源，比如找专业人士（心理医生、心理咨询师等）来帮助你、支持你。可能很多人会问，自己看书听课有用吗？我的答案是，可能有用。原因是书是单向连接，远不如与一个现实中的人建立双向连接回馈得多。

觉察并避免自我挑剔

在日常生活中，我们需要觉察自己是否在无意识地挑剔他人。很多时候，我们之所以对他人挑剔，是因为我们把内在的缺失投射了出去。所以，停止挑剔他人同样有益于自我接纳。

举个例子，一些家长在看到环卫工人时，会用一种伤害孩子同时也伤害环卫工人的方式来跟孩子表达，如"你不好好学习，以后就跟他们一样，只能扫大街"。你可能不知道，这短短的一句话就伤害了三个人。

首先，你伤害了自己，它表明你的个人素质一般，只能通过贬低别人的方式来实现自身的优越感，缺乏教育孩子的能力。

其次，你伤害了孩子，否认了他的努力，将他原本充满无限可能的未来粗暴地划分为"好"与"不好"。孩子现在可能并不懂得什么样才算努力，以及要努力多久才不会被妈妈挑剔。所以，这句话在孩子听来，就是妈妈认为他是个很糟糕的人，妈妈不能接纳他现在的样子。这样不被接纳的孩子，也容易变得懦弱、自卑。

最后，你伤害了环卫工人，职业是没有高低贵贱的，你却以一个高高在上的角度和姿态去贬低他们的职业，鄙视他们是不好的人。

挑剔的背后一定是不接纳。如果我们真正地接纳自己，接纳他人，接纳这个世界，我们的评判之心也会少很多。

接纳从自我负责开始

我们身边有一类特别喜欢摆烂的人，看到一些事情无法向好的方向发展，于是就干脆不再采取措施加以控制，任由事情向坏的方向继续发展下去。简单来说，就是"破罐子破摔"。

为什么这些人喜欢摆烂？

其实，摆烂恰恰是一种应对挑剔的策略。因为不想被他人挑剔，所以干脆自我放逐。他们就好像是游离在舞台剧外的观众，任凭台上演绎得如何曲折离奇，他们都无动于衷，沉默地等待着结束。

有的人会把摆烂行为理解为一种自我接纳，但我要告诉你，这不是接纳，而是自欺欺人，你只是在塑造一个看起来毫不在意的人设而已。还有些自我挑剔的人，在面对人际关系时，总认为自己必须做到一定程度才能赢得别人的接纳，否则别人就不会接纳自己。在这种念头的影响下，他们会回绝很多人际关系，甚至把周围的所有人都看作挑剔的人。

实际上，真正内心强大、能够自我负责的人并不会轻易为外界所控制。即使被他人评价或责怪，他们也不会轻易受他人的信息影响。而且强大也不意味着无坚不摧、完美无缺——强大不是"我一定可以"，而是"哪怕我不可以，也没关系"。

第二节

如何建立一段健康的关系

自我接纳是建立关系的开始

在刚开始接触心理学时，我并不是很理解为什么建立关系之前要先自我接纳，后来明白了：如果我们无法很好地接纳自己，不能接受自己的缺点、失误，或者是曾经走过的错误的路，甚至是有意无意地做过的一些伤害他人的事情，那么，我们就无法与别人真正建立起彼此信任的关系。

如果我们觉得自己不够好、不讨人喜欢、不值得别人善待，那么即使别人真的在善待我们，我们也不愿意相信，因为我们无法真正地接受自己内在的冲突。更重要的是，如果一直带着这种冲突生活，我们就会寄希望于外界的所有一切都是完美的、值得信任的，以此减轻自己的危机感。但在这个过程中，我们感到自己是不完美、不值得信任的，由此我们又会对自己充满挑剔。

所以，在任何关系中，自我接纳都很重要。

从接纳自己到接纳他人

接受分离与丧失

在入行心理学不久后，我曾开设了一个心理热线，给一些心理困惑的朋友做危机干预。在这期间，有个人给我打来电话，问了我一个问题。当时我还很缺乏经验，那个问题让我有点儿束手无策。他问道："我以前身体好好的，后来遭遇了一场事故，失去了一条腿，从此我整个人就变得特别糟糕。要想让我真正好起来，除非让我再长出一条腿。你说你是心理医生，那我想知道，跟你聊天能长出一条腿来吗？"我只能说："不能。"他又问："那我跟你聊天的意义是什么呢？你能给我带来什么价值？"

这个问题放在今天，很多人可能仍然无法回答。临床医学上有个概念，叫作幻肢，意思是说，那些在意外中丧失某个肢体器官的人，有时会在心里产生一种幻觉，认为自己失去的肢体仍然长在身上。这种情况很常见，比如一些被截肢的患者经常因为截肢后末梢神经等未能得到较好修复而产生幻肢感，甚至还会出现幻肢痛。从心理学角度解释，其实是因为患者心理上无法接受自己被截肢的事实，无法很好地接纳现在的自己。上面案例中那位给我打电话的听众朋友，我认为就是这种状况。直到今天，我依然非常遗憾于当时的我因为资历尚浅，没能为他做出满意的解答。

有人说，人生就是一场殉葬，我们可能曾经一度没有被很好地对待，但我们可以带着这些丧失去勇敢地生活。学会理解，学会原谅，学会接纳人生中的种种丧失。这些话虽然听起来很"鸡汤"，但当你真的这样做时，你会感到由内而外的轻松与释然，你放下了那些曾经失去的，也放过了被困在过去的自己。从这个角度来说，自我接纳也意味着我们要真正地接受人生中的种种丧失。

也有人说："我就是接受不了丧失，那怎么办？"这里我们可能要先延伸出另外一个词：分离。因为有分离，所以丧失不可避免。

人类是从什么时候开始学习分离的？答案是一出生。从和妈妈的子宫分离开始，婴儿就开始了第一次分离。第二次分离是发现"我是我，妈妈是妈妈，妈妈有时在我身边，有时不在我身边"。这个阶段婴儿学习分离，需要一个过渡性客体。过渡性客体是温尼科特提出的一个心理学名词。在童年时期，有些物品会成为我们的过渡性客体，在我们与母体分离后感到孤独、焦虑时，它们就会成为我们新的寄托，帮助我们学会与外界建立联系。这也意味着，这些物品往往具备了母亲的一些特质：温柔、亲昵、有熟悉的味道。

曾经就有一位妈妈颇为无奈地跟我说，她儿子有一条毛毯，从小一直盖着。她感觉那条毛毯已经又脏又破了，就给孩子换了一条新毛毯。没想到，孩子竟然因为这条毛毯而陷入抑郁状态，因为他接受不了妈妈把旧毛毯换掉的事实，他就想要回自己原来的那条破旧的毛毯。

一般来说，当我们还无法接受分离和丧失的时候，就会寻找一些过渡性客体来替代。一些人会抱怨原生家庭的不幸，于是就努力寻找自己与原生家庭间的连接，以此作为过渡，实现与原生家庭的分离。但如果你一直停留在这个层面，那就无法与原生家庭彻底分离，内心也无法接受原生家庭给自己造成的遗憾和伤害，就像有的人无法接受自己做错事一样。

需要注意的是，如果我们不接受分离和丧失，就很难有能力面对真实的世界，也永远无法获得成长。

接受与尊重"自我边界"

我们之所以能成为一个独立完整的人，是因为我们有自己的边界。人类最初感觉到边界是在与妈妈的皮肤接触中。新生儿通过被妈妈抱着，被妈妈抚摸，从而感觉到自己是有身体边界的，他会在这个过程中意识到：原来我的小胳膊在这里，我的小腿儿在这里，我的小屁股在这里……再一次感觉到边界则是在内心感受上。"这是我的，那是你的"，这是最基本的边界的概念。为了维护我们自己的边界，我们会在自己周围做一些分隔设置，把自己与别人分隔开来。

这里的分隔不是说一股脑儿地在自己和别人中间建一堵厚厚的墙，而是有弹性地分隔。就拿父母与孩子来说，孩子小的时候会经常向父母提出需求或发出邀请，希望父母能及时回应他们。但随着孩子逐渐长大、能力变强，父母发现有些事情孩子已经不再急切地需要他们来解决了；或者即使需要父母，而父母不能及时回应时，孩子也能接受和理解。这就是一种灵活、有弹性的边界。

有了边界的存在，我们才能称为一个独立的个体，因为你承认了自己的完整和独立性，所以也就承认了别人的完整和独立性。拥有完整的自我，维护好彼此的边界，既是对自己的一种尊重，也是对别人的一种尊重。

尊重并不是一味地讨好、顺从、仰视、跪拜，更不是完全按照别人的意愿行事，而是把自己和对方都看成是一个完整的人来对待。当我们能够自我接纳，知道自己是一个完整的个体，并且能够给予他人真正的尊重时，我们所谓的自尊也就成了自我接纳的部分。同样，当我们有能力尊重自己的时候，也就有了尊重别人的能力。

接纳自己的责任，承认他人的贡献

在生活中，有些人习惯于扮演拯救者的角色，有些人则恰好

恰如其分的孤独

相反，习惯于扮演被拯救者的角色。对于拯救者来说，他永远不会肯定被拯救者的价值，他认为对方什么都不行，只能靠自己拯救。所以，在拯救者看来，自己与被拯救者的关系永远是不对等的，并且自己一直在被被拯救者拖累。就像前段时间有个人跟我说，他觉得自己的伴侣特别消耗自己，但他又无法离开这段关系。我问他为什么离不开，他说："我要是离开她了，她该怎么办呀？她自己过不了的！"

如果我们深入思考一下，就会发现真的是被拯救者离不开拯救者吗？真的是伴侣离不开他吗？

并不见得。当一个人自诩为拯救者时，我认为他应该先问自己一个问题：我为什么离不开这段消耗我的关系？事实上，在他担任拯救者的角色时，也一定要有一个人愿意被他拯救才行，否则拯救者就体现不出自己的价值。所以，表面看是被拯救者在消耗拯救者，其实是拯救者更需要这段关系来肯定自己的价值。他只有在拯救别人时，才会感受到自己是被需要的，这个价值感才是拯救者无法离开这段关系的关键原因。

无论是被拯救者还是拯救者，如果不想一直被这种关系束缚，最好的办法就是先自我拯救，做好自己该做的事，承担起自己的责任。其次，拯救者还要感谢那些曾经被你拯救的人，因为他们所贡献出来的"没有价值"感，才成就了你的价值。如果你能理解这一点，你与他人的关系才会变得平等。

同时，我们也要看到他人同样是一个独立的个体，有自己存在的价值，我们要去尊重对方的价值。这样一来，在建立关系时，我们才能看到双方在这段关系中的共同贡献。当然，有些关系中的贡献并不一定都是直接利己的，它最开始可能会让你产生挫败感、沮丧感、羞耻感，但这同样也有可能成为贡献，因为如果我们有能力转化处理它们，它们将帮助我们成长。

第三节

你如何爱自己，别人就如何爱你

爱自己的误区

有很多人问我"到底什么是爱自己""为什么爱自己这么难"。其实，我们可能陷入了"爱自己"的误区。

爱自己等于自私吗

很多孩子小的时候因为成绩不好，觉得自己令父母失望了，为了获得父母的关注，他们只能通过调皮捣蛋来吸引父母的注意。由于童年时期很少获得父母的爱与肯定，他们成年之后很难拥有自信，更多的时候会以取悦的姿态去讨好他人，不敢拒绝他人。很多人不会因为缺爱而变得更爱自己，反而会因为缺乏被爱的经历，更加难以爱自己。还有些多子女的家庭，父母会要求大让小，当老大拿了苹果不给老二的时候，就会被父母说成"自私"。

试想一下，当朋友来找你借钱，你因为一些原因拒绝了他的请求时，你会因为拒绝而深感愧疚吗？也许很多人都会，我们普遍认为这样的拒绝虽然满足了自己的诉求，但也伤害了别人。再如有些父母经常和孩子说"如果你……，我就满意了"。面对这样的情感绑架时，孩子如果没有满足父母的期待，就是不孝吗？这个时候我们常常发现好像在"爱自己"和"自私"之间被画上了等号。其实不然。就像《欢乐颂》里的樊胜美，当她开始拒绝继续满足母亲和哥哥嫂子不合理的要求时，并不代表她不考虑他人的感受，更不等于她很自私。

爱自己就是放纵自己吗

很多人认为爱自己就是无节制地满足自己的各种欲望。在体重已经影响了身体健康的情况下，还是暴饮暴食；在入不敷出的情况下，还透支信用卡给自己买昂贵的衣服、包包、电子产品。他们的物质欲望虽然被满足了，但精神仍然感觉空虚，也从未思考过这是不是正确的爱自己的方式，自己真正需要的到底是什么。那么，爱自己的人是什么样的呢？

第一，爱自己的人会尽量满足自己的需求。"尽量"的程度就是在不伤害他人也不伤害自己的情况下，让自己感觉轻松和愉悦。如果我们省吃俭用三个月，只为买一个奢侈品；如果我们想让对方给自己买一枚戒指，价格却让对方感觉望而却步，这都不符合"尽量"的定义。人本主义有一个原则，就是你可以做任何你想要做的事情，但前提是不能伤害他人的利益。

第二，爱自己的人会关注自己的感受。我有个喜欢打高尔夫的朋友，他打球时身边的人有时会给他提出一些建议，但是他总是说："打球是一种享受，我有我自己的节奏。"当他打得好的时候，他会称赞自己；打得不好的时候，他也会感觉郁闷。这些感受非常真实，无论好坏他都能接纳与直面，这就是爱自己的表现。

第三，爱自己的人在看到自己的不足时，能够坦然接纳自己。我的一个同事，身材很小巧，她偶尔会分享自己在上学时候的故事，比如从小到大都是坐第一排，站队总站第一个，这不免会让她有些自卑。但即使这样，我也从来没有听到她因为这个事情抱怨，反而一直在健身，整个人非常积极阳光。我曾经问过她有没有因为身高的事情烦恼过。她说有一段时间的确非常自卑，但心智慢慢成熟后，她已经可以正确地看待身高问题，接纳自己的身体。她和我说："存在的就是美好的。"

第四，爱自己的人更擅长宽恕自己。美国心理学家谢利·卡森曾说："爱自己的人，有能力接受自己曾经犯下的错误，不会否定过去，或一味沉浸在自我悔恨和自我惩罚里。"之前有一名来访者和我倾诉，之前因为他在事业上一个错误的决定，让他和他的朋友都利益受损。这让他沉浸在过失的沮丧中难以摆脱，一方面觉得对不起朋友，另一方面又觉得自己一无是处。其实，出现这种情况可能是因为他在成长的过程中缺少了一些试错的机会，导致他在之后的人生旅程中，无法坦然接受自己的错误，一直郁郁寡欢。我给了他一些中肯的建议，比如可以尝试做一些让自己有成就感的事情，哪怕只是一些无足轻重的小事也可以，如打扫房间、为家人做一顿晚餐等。要学会宽恕自己，从小事中积累自信，让自己正确看待对错和得失。

第五，爱自己的人不会因为外界的评价而否定自己。我是在一个非常严苛、充满否定的家庭环境中成长起来的，我一直尝试着摆脱这种家庭氛围带给我的负面影响。所以，每当我经历坎坷和挫折时，我就告诉自己，在我接触的人里，只要有 60% 的人喜欢、认可我就可以，我将这种想法称为"60 分好人"。而剩下40% 的人，即使是厌恶、讨厌我，我也能够接受。因为我如果一直用别人的评价来衡量自己，就无疑又回到了曾经的环境里。反反复复地进入一个对我们有害的环境，是对自己的伤害，当我们意识到在伤害自己的时候，就要及时止损了。

| 自我探索练习 |

镜子练习是美国心理学家露易丝·海发明的，它的操作很简单：连续 21 天，每天对着镜子，凝视镜子里自己的双眼，不断对自己重复肯定的话语。别小看这个练习，很多人在做第一天练习的时候就泪流满面，还有

些人说自己无论怎样都开不了口，没有办法肯定自己。你爱自己吗？这个练习会给你答案。

我把《镜子练习》这本书中的第一天的练习引用在这里，供你参考和使用：

- 站或坐在浴室的镜子前。
- 凝视你的双眼。
- 深呼吸，然后说出下面这个肯定句："我想要喜欢你。我想要真正学会爱你。我们来试试看，并且一起发掘其中的乐趣吧。"
- 再做一次深呼吸，然后说："我正在学习真正喜欢你，我正在学习真正爱你。"
- 这是第一个练习，我知道做起来会有点挑战性，但请不要放弃。持续深呼吸，看进自己的双眼，并在话里加入你的名字："我愿意学习爱你，（名字）。我愿意学习爱你。"
- 在这一整天里，每次经过镜子或看见自己的映像，请重复这些肯定句，就算必须无声地说也没关系。

刚开始做镜子练习时，你可能会觉得重复念诵肯定句很蠢，甚至生气或想哭。这都没有关系，事实上，这很正常，而且不是只有你才有这种感觉。记住，我在这里陪你。我也经历过这些，而明天，又是新的一天。

自轻、自伤、自毁

我有一个十多年的同事，有一次他看见我吃饭，就开玩笑说："老胡，你也算一个挺知名的心理学家，怎么活得那么糙呢？"我一脸纳闷，问他什么意思。他接着说："这叉烧饭你都吃了半年了，没有换过。你工作量那么大，却在吃饭上很不讲究，你似乎不太爱自己。"我这才意识到，我确实吃了半年的叉烧饭，从没有换过其他的。而且，我吃饭又非常快，每次只给自己留很短的时间用来吃饭，甚至边工作边吃饭，似乎所有的食物对我来说都只是果腹而已。然后他又接着说："我看你平常工作压力非常大，偶尔也会显露出疲态，但往往这个时候，你还是坚持工作，拼命工作，从没想过照顾一下自己的身体，你这是自毁的倾向啊。我们是同事也是朋友，有什么困难可以说出来和我们商量，不要什么都自己扛，毕竟身体才是工作的本钱，你要爱惜自己。"

那天的闲聊让我记忆犹新，在吃饭的一件小事上，的确体现出了我的一些自伤倾向。有些从小生活在重男轻女家庭中的姑娘也是这样，小的时候爸爸妈妈只重视哥哥或者弟弟，她们眼看着父母对哥哥、弟弟关怀备至，却对自己不闻不问。她们的心中也渴望父母可以像疼爱哥哥弟弟一样疼爱自己，但父母的眼睛里始终只有儿子。这种幼年缺爱的情况，导致她们即使在成年后都无法建立一段正常、良好的亲密关系。

她们可能会像父母挑剔自己一样，对亲密关系中的另一半百般挑剔，希望对方可以像父母疼爱哥哥弟弟一样无条件地为自己付出，但事实上，另一半没有能力也没有责任去疗愈她们，最终还是要依靠她们自己走出童年阴霾，治愈家庭创伤。这个时候，有些姑娘就会选择自轻、自伤来威胁和强迫另一半，比如喝酒、抽烟，企图用这种方式留住对方，留住爱。

心理学上有一个术语，叫作自体客体。简单地说，就是我们的脑子里有两个小人，一个是现实存在的小人，一个是评判自己的小人，这个评判自己的小人就是自体客体。自体客体来源于原先的、外在的原始客体。举个例子，当老师总是说一个孩子不聪明，反应迟钝，这个孩子内心就会内化出一个说自己不聪明的"客体"，这个客体就成为自体客体，这个老师就是原始客体。而"我不聪明"变成了孩子内心的声音。如果我们是他的朋友，可能会劝慰他，但我们会发现我们的善意对他并不起什么作用，因为如果"自体客体"没有改变，他还是会以这样的想法不断地伤害自己。

为什么有的人会选择自虐？其实他们是在向恨的客体发出爱的请求，他们渴望得到他人的爱，却选择了错误的获得爱的方式，用使自己痛苦的方法来判断对方是否爱自己。当对方的眼神、话语里充满了怜爱和心疼，他们才能确认对方是爱自己的。

爱是一种能量，也是一种能力，即使我们幼年可能受过一些伤害，没有得到足够的关注与爱，也要在成长过程中学会爱自己。所谓悦己，不是取悦，而是悦纳，我们要接纳完整的、不完美的自己。当你真正做到悦纳自己的时候，你会惊奇地发现周边的人们也会越来越喜欢你。

如何爱自己

现在很多节日期间商场里的宣传语都会提醒大家记得爱自己，仿佛买一个昂贵的包、换一个更新款的手机、添一件时尚的衣服就是爱自己。但事实上，物质上的丰盈根本无法填补精神上的空虚，真正的爱自己是接纳自己，不伤害自己，认可自己，尊重自己。

第一，我们要学会性别自爱。有些女孩子因为原生家庭重男轻女而感到自卑、不值得被爱，因为容貌、身材而感到焦虑；有些男生经常想着"男儿有泪不轻弹"，受了委屈，压力再大也都不和他人倾诉。这些都是对性别的偏见。我们不需要被禁锢在性别的条条框框里，女生也可以在职场独当一面，男生也可以穿粉色、贴面膜。重要的是，我们要坚定地爱着真实的、完整的自己，没有必要为了迎合他人的眼光责怪自己，或者勉强自己做不喜欢的事情。

第二，避免陷入自伤的陷阱。当我们执着地渴望得到某些东西的时候，可能就会落入自伤的陷阱。有一个通俗的比喻：驴子拉磨，驴子为了吃到吊在眼前的胡萝卜只能不停地拉磨，但无论怎么努力它都不会吃到那根胡萝卜。那根胡萝卜就是我们的执念，即使我们的执念很深，也无法真正拥有。

我小的时候，父亲对我很严格，严格到只是一次成绩不理想就会被打耳光。后来，这种严格就深深地在我内心扎了根，事情做得不完美、工作不能按时完成，我都不能接受，我会一直挑剔自己，直到方方面面都尽善尽美才肯罢休。追求完美本身无可厚非，但过度地要求十全十美，就是自伤了。

有些人在亲密关系中要求对方必须满足自己所有的需求，极力渴望对方的认可，希望回报大于自己的付出，这些不切实际的想法在无法实现的时候，他们就会认为自己不值得被爱，甚至自伤、自虐，这都是不可取的。有的时候放过自己，顺其自然，也不失为一个好的选择。

第三，认可自己的成就。有时候我们总觉得自己又没有什么丰功伟绩，有什么值得认可的呢？但其实生活中的一些小事，比如做成了一个简单的小蛋糕、完成了自己制订的计划等，都是值得被认可的成就。我之前打球的时候，每进一个球都会开心地为自己喝彩。我们要看到自己的努力和付出，积极地肯定自己的成就，对自己多一些温柔和包容。

第四，设定自己的边界，远离让我们感觉不舒服的人和事。心理学家温尼科特认为，要想获得爱的能力，首先要学会客观厌恶。所谓客观厌恶，是指对于那些来源可被理解的厌恶，进行合理的回应。只有拥有客观的表达厌恶的能力，才能帮助彼此获得爱的能力。

比如当一位妈妈因为孩子无理取闹而影响工作时，她没有马上大发雷霆，而是忍住冲动，耐心地告诉孩子打扰他人是不礼貌的行为。在这个过程中，妈妈对待孩子的方式不是攻击与伤害，而是客观地表达厌恶。相反的，如果妈妈不由分说地责骂了孩子，那么这种方式就是不客观地表达厌恶。这样成长起来的孩子，爱与被爱的能力都不会很高。

第五，对自己足够尊重。科胡特曾说"不带诱惑的深情，不带敌意的坚决"。当我们尊重自己与他人的边界，我们就有了更舒适的人际关系。

爱自己，听上去像是一句口号，但或许我们都应该放慢自己的脚步，扪心自问："现在的我，真的爱自己吗？"当你看着镜子里的自己，是满心欢喜，还是满脸嫌弃？尝试从当下开始，善待自己。拥有了爱自己的能力，才能更好地享受生活。

第四节

如何做出人生的关键选择

人生是无数个"选择"的结果

命运其实就是我们选择的结果。人生在世，除了出生不能选择以外，其他很多东西都是可以选择的。一般来说，人生中任何事情都有三个以上的选择，为什么？先给大家讲一个我自己的故事。

大概在 2010 年的时候，我曾面临过一个选择，这个选择很有可能让当时的我实现财务自由。一个朋友带我去参加一个投资项目说明会，如果看好就能进入投资人行列。但是，我觉得那个项目讲解人说得过于夸张，所以一开始就不太相信。中途我跟朋友说自己还有点儿事要出去一趟，于是我就离开了会场。两个小时后朋友给我打电话说会议结束了，他投资了 50 万元，成了那个公司的合伙人。

事后我跟朋友说了我的担忧，觉得这个项目可能会出问题。朋友却很相信，我也就没再多说什么。后来，这个项目大获成功，三年之后回报率已经高达 100000% 了，朋友也实现了财务自由。

回想起来，如果当时我也能够果断选择投资，那现在大概也跟朋友一样实现财务自由了。但是世上没有那么多如果，只有无数个选择后的结果。

厘清生命中的选择（3W1H）

在做选择之前，为了梳理思路，我常常问自己四个问题，这个提问模型被我称之为"3W1H"（见图 5–1）。

图 5–1 "3W1H"提问模型

WHO——厘清选择的主体

有一次，一位40多岁的男性找我咨询。在咨询室里，他一直在不停地向我抱怨。他说，自己从小到大一直在按部就班地生活，无论是学习、工作还是婚姻，始终都在听从父母的安排。虽然他目前在国企担任高管，却从来没有存在感。回望几十年的人生，他自己似乎从来没有做过任何选择。

我相信，生活中一定还有很多跟这位先生经历相似的人。他们总是觉得，很多事情都是别人帮自己做的选择，自己是被逼无奈的。这种情况下，即便再努力，也会觉得很痛苦，甚至觉得自己是一个受害者。但事实果真如此吗？

事实上，你之所以选择受苦，是因为受苦是你的需要，你的选择只是在满足自己的需要而已。比如一些人离不开让他感到消耗的关系，并不是因为他离不开，而是他选择了不离开。他深信自己是一个受害者，于是采取了一系列的行为来帮助自己达成受害者的角色。之所以会做出这种选择，是因为当他把自己当成受害者的那一刻，就不再需要为这个世界上的任何事情负责了。

厘清选择的主体，就是帮助我们意识到：这是谁的事？这是谁的选择？谁要为这个结果负责？

WHEN——厘清选择的时间

我们来复盘一下开篇的那个故事，其实在整个过程中我都存在两个选择：投资或不投资，而我的选择是不投资。后来，当看到朋友因为这笔投资而实现财富自由之后，我还是有一些后悔和遗憾的。

可是过去的已经过去了，我能改变过去的选择吗？当然不能，所以我只能用后悔来逃避因自己失误导致的后果。但是，现在的我有了另外一种选择：接受自己的失误。

曾奇峰老师与我亦师亦友，对于后悔这件事，他从精神分析的角度做出了解释：后悔是夸大的操控力，包括对过去的操控；逃避现实冲突；制造持续的痛苦，以维持基本的存在感。

也就是说，当你不能接受结果而感到后悔时，你的状态其实是想要回到过去去操控当时的选择，后悔是"现在对过去的操控"。比如有些人之所以会陷入对原生家庭的抱怨，是因为在他们的潜意识中，他们想要回到过去、改变过去。这种感觉和"后悔"一样，都是我对过去自己所做的、所经历的不满意，想要重来一次，再做一次选择，这就是想实现"现在对过去的操控"。

我们最大的痛苦往往在于想去改变自己的原生家庭，但原生家庭又无法改变，就像生命不能重来一样。已经存在的伤害难以消弭，已经固定化的家庭模式也难以在一朝一夕间有所改变。所以，有些人就会失落遗憾，甚至心里还会产生一种挫败感。在这个过程中，我们该如何对待自己的生命和所谓的命运，又成为另一个我们正在面临的选择。

在更多的时候，选择是大于努力的。那么我们到底该做出怎

样的选择？是为自己的过去做选择吗？不，是为自己的现在做
选择。

WHAT——厘清选择的对象

所有的选择都有其对应的范围，在神经语言程序学中，人生
中的事分为三类，即自己的事、别人的事和老天的事。自己的
事，自我负责；别人的事，给建议或提供帮助；老天的事，敬畏
臣服。

很多人说自己无法选择，其实是因为他们选择把自己放在无
法选择的范围里，进而导致他们感觉无力和失控。比如你着急去
一个地方却被堵在路上无法前行，这时候你就会有一种深深的无
力感，想往前走又走不了，想下车也不能，只能在车上等待，于
是你变得特别焦虑，甚至愤怒起来。这个时候，愤怒就是我们的
一种无意识选择，愤怒背后通常是无力。在这个过程中，我们可
以先让子弹飞一会儿，然后去觉察一下自己的愤怒，和自己的愤
怒待一会儿。当我们能看到愤怒时，愤怒就减少了一大半。

冷静下来，我们会发现，愤怒对堵车没有帮助，像每一位堵
在路上的人一样，我们都对堵车这件事无能为力，唯一能做的就
是耐心等待。这对当时的我们来说，就是"老天"的事，我们只
能选择接受，即使我们再努力也无法改变什么。

所以，每逢节假日我们常常会看到这样的新闻：出现严重堵
车事故时，有些人会趁这个时间和家人打通电话聊聊天，甚至

发扬乐观主义精神，在堵车的漫长时光里开启了娱乐活动，如打扑克、下象棋、做锻炼……这些人的选择是接纳现状，并顺势而为。毛主席说过这样一句话："天要下雨，娘要嫁人，随他去吧。"无论老天的事、别人的事，还是自己的事，总有些事情是无论我们多努力都没有办法改变的，无能为力的时候都随它去吧。

HOW——需要选择一个态度

态度可以是合作的，也可以是对立的。对外界的态度，我们可以选择去竞争或合作、怀有善意或恶意。有时候我们的态度是"放过自己"，接纳自己，不评判、不责怪，就是选择了善意。但是更多时候，当发现结果并不是我们所期望的那样，我们就会怀疑自己，认为自己选择错了，然后就会对自己各种责怪，以各种方式来伤害自己。

觉察自己对这件事的态度是善意更多，还是非善意更多，也是影响我们做出选择的重要元素之一。

为什么选择大于努力

为什么说选择大于努力？很多人认为这是心灵鸡汤，但是我觉得有必要向大家解释一下这句话的内在关联、动力以及底层逻辑。

在很多人的内在认知中，总觉得努力大于一切，为什么会这样？是因为我们总是被灌注这样一种认知：人定胜天，努力就有收获。我们没有深入思考其中的必然性，只是一味觉得这句话是对的，是应该秉承的真理。但实际上，努力也只是我们的一个选择而已。

比如你想运动健身。短视频平台上的某个健康教练很火，于是你便去看他的视频，这是你的一个选择。接下来，你跟着他一起运动，这也是你的一个选择。学着学着，你觉得太累了，无法坚持，于是离开了他的直播间，这又是一个选择。你看，就这样简单的一件事里，其实包含了选择的两个逻辑：做不做和怎么做。

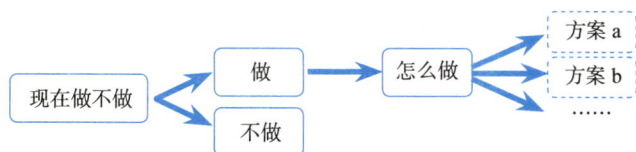

图 5-2　选择逻辑图

这个图看起来简单，有助于我们梳理问题，但是真正使用起来会有一定难度。比如我们决定要减肥，确定要"现在做"，那么我们就会到达"怎么做"的选择上。我们用什么方式减肥？是跑步？是游泳？是健身？是调整饮食结构？等等。当我们接确定各种如何做的方案之后，又会面临新一轮的"做不做"的选择。所以一个选择背后，其实藏着很多的选择。很多时候我们困在原地，是因为囫囵吞枣，把"做不做"与"怎么做"混为一谈。

选择是我们对自己现阶段各方面能力的一种判断评估，包括对自己的完整认知和自我接纳，在这个基础上，我们才能够做出一个符合自己、适合自己的选择。如果我们对自己的身体很了解，知道怎样的运动方式对自己更高效，那么我们选择起来也更加容易。

当然，如果你还没有能力做出选择，那么"不做选择"也是一种选择。如果必须要做选择，就要多给自己一点儿时间，因为很多时候我们会发现自己是有选择的，而且已经无意识地做出了选择。这不是你意识里的选择，而是潜意识里的选择。

潜意识是一个大课题，卡尔·荣格曾说："当你的潜意识没有进入你的意识，那就是你的命运，当潜意识被呈现时，命运就被改写了。"而命运的背后其实就是无数个选择。当我们有更多可选项的时候，我们人生的发展也将拥有更多的可能性。

任何事情都有至少三个以上的选择，当我们再次认为自己没有选择时，停下来，问问自己：这是真的吗？

第五节

如何寻找生命中的合伙人

如何建立好的合作关系

所有的人际关系中都有"合作"发生，哪怕是一段糟糕的关系，也是两人"合谋"的结果。但什么才是好的合作，或者什么才是能够滋养我们的合作呢？

我先来讲两个小故事。

第一个故事是这样：前几天，同事拿出一盒绿豆饼跟大家分享，在这个过程中发生一件很有意思的事。刚开始拿出来绿豆饼时，他说："这个绿豆饼很好吃。"随后，他马上又补充一句："我觉得这个绿豆饼很好吃。"

很多人可能觉得，这两句话没什么区别，不都在强调绿豆饼好吃吗？但从关系角度来说，这其中大有区别。前者是他将自己的感受当成了事实告诉大家，而后者则将事实与感受分开了，因为他自己觉得好吃，对别人来说却并不一定。如此一来，后者的说法显然是分清了"我"与"我们"之间的区别，同时也肯定了"我"的存在和"你"的存在，而前者刚好与之相反。

当我们不以自己的主观感受来观测他人，而是承认他人对事物也拥有自己的认知和感受时，就是好的合作发生的前提。这样不但尊重了对方的感受，还积极主动地邀请对方来体验一个美好的事物，就像这位同事后来说的："我觉得这个绿豆饼很好吃，你要不要试试？"

事实上，一个好的心理咨询过程也是一次合作，因为咨询本身就是一段安全的、彼此支持、彼此赋能的关系。作为咨询师，我经常收到来访者的感谢，如"谢谢你的陪伴，因为我们一起努力，我才解决了这些问题"。好的合作就是要承认彼此共同的存在。

第二个故事是发生在我跟一个快递小哥之间。我们所在的办公楼分东西两座，有一次，我在网上订购了一个东西，可能商家把地址写错了，然后快递小哥就按照上面的错误地址送去了。我在收到取件信息，前往指定地点取快递时发现并没有我的快递，于是就给快递小哥打电话询问。他告诉我，他送到了，我不可能没拿到，并强调让我再好好找一找。我找半天仍然没找到，就再次联系他，他要求我把单号发给他，然后告诉我说，是我把地址写错了，才导致他送错了。

其实出现地址写错、投递失误等情况，我们把东西找到便可以了，但这个快递小哥的关注点在于这件事是谁的问题，实际上，我使用这个地址已经收到了上百件快递，从来没有人弄错过。最后我想，我不能再在这上面浪费时间了，所以就说："好的，我知道了。"但他并不想就此结束，仍然不停地发信息给我，强调是我的错，而不是他的失误。

从小哥的反馈可以看出，这件事的对错对他来说很重要，也许他担心我会给他差评，或者打破他的内在秩序，但无论原因是什么，他在生活中应该是个无法接纳自己失误的人，所以才一定要弄清对错，同时他也无法接纳别人的错误。所以最后我告诉他："好，那算是我错了。"他才结束对这件事的执着。

我这样来处理这件事，并不是纵容他。而是做出了对我影响不大的一个妥协。心理学上有一个状态被称为悬空状态，当人处于这种状态时，往往没办法看到真实和客观，而是更多地让自己悬在半空中，或者说完全活在自己的世界中，只在意自己的得失对错，并且需要所有人都遵从他的秩序，不愿意看到真实的他人和现实世界的秩序。

如果我们陷入悬空状态，凡事一定要争个高低对错，那恰恰说明，我们是不允许自己出错的，我们对犯错这件事情是不接纳的。好的合作也要能够正视并接纳彼此的错误。

寻找生命中的合伙人

阿德勒曾说："人际关系的起点是'课题分离'，终点是'共同体感觉'。"其中，课题分离用一个比喻来形容的话，就是"可以把马带到水边，但不能强迫其喝水"。简而言之，就是不能强迫别人的意愿，否则只会导致更加强烈的反作用，毕竟能让一个人改变的只有自己。而共同体感觉则是指"把他人看成朋友，并在共同体中能感受到有自己的位置"。

关系中的课题分离

在阿德勒看来，人的一切烦恼的根源就是人际关系，起因于对他人课题的妄加干涉，或者是自己的课题被他人妄加干涉。只要能做到课题分离，人际关系就会发生巨大改变。所以，阿德勒提出，面对人际交往，我们只需要考虑一下"某种选择带来的结果最终要由谁来承担"就可以了。谁来承担这个结果，就是谁的课题，谁就有这件事的选择权和决定权。能够在关系中做到课题分离，就意味着你实现了人格独立，与人相处时才不会加剧隔离感。真正让关系产生隔离和疏远的，恰恰是含糊的共生逻辑。

　　　　　　　　　恰如其分的孤独

｜ 自我探索练习 ｜

想进一步理解课题分离，可以尝试以下这个练习：

你的朋友失恋了，他／她又难过又愤怒，跟你抱怨着那个"负心人"的不好。这时候你会？

A. 为他／她鸣不平，甚至打电话过去一起骂那个"负心人"。

B. 跟他／她讲道理，比如"旧的不去，新的不来"，然后立马为他／她介绍下一个。

C. 静静地陪伴他／她，在他／她需要的时候抱抱他／她，拍拍他／她，告诉他／她：失恋是很伤心，难过愤怒都是可以的，如果你需要，我在。

A 和 B 在这个场景下，更多是把朋友的事看作了自己的事；而 C 相对更加做到了课题分离，失恋是朋友自己的亲密关系课题，你能做的是如果他／她需要我的陪伴，我可以陪伴他／她。

前文我们提到，接纳自己是建立关系的开始。当我们有了自我接纳的能力，即使面对失败与错误也能坦然接受。同时，我们不会认为自己的情绪要由他人来负责，或者我们的期待要由他人来满足，我们可以坦然地拒绝他人，与他人建立真正的边界感，明确彼此责任，实现课题分离。

当然，在任何一段关系中，我们都希望对方能与我们一起携手进退，不抛弃、不放弃，给彼此足够的安全感。如果一段关系经常让你感觉不安，或者似乎随时会被对方放弃，那么你就会想要时刻确认对方的存在，关系也会走向混乱交织，最终以一方的不堪其扰而结束。同样，如果我们随便就抛弃或放弃生命中的某个人，那么属于我们自己的关系会越来越少，生命中的合伙人也会越来越少。

命运共同体

我经常说，越是亲近的人，越像是合伙人。很多人对此不理解，亲近的人明明是我要去爱、照顾、守护的人，怎么可能只是合伙人呢？

实际上，人际关系中所发生的一切都是共谋的结果。在合伙人关系中，双方都投入了资源和努力，遇到困难会一起面对，遇到冲突会相互沟通，不管用任何方式，都会努力达成共识，最终实现一个相对共赢的结果。这就是一个好的合伙人关系，阿德勒将其称为共同体关系。

阿德勒还指出，人的一生中可能面临的所有困难都可以归纳为三类问题：职业问题、人际交往问题和婚姻问题，这三类问题本质上都属于合作问题。所谓"人生的意义"，就在于我们怎样去面对和解决这三类问题。在他看来，一个人的意义只能在跟别人的交往、合作中体现出来，人生的意义也在于对别人和整个社会有所贡献。当一个人把他人当成伙伴，并能从关系中感受到"自己有位置"的时候，就会产生"共同体感觉"，这是一种有持续价值的对他人的贡献感，也是幸福人生的重要指标。人要想获得幸福，就要建立这种共同体感觉；要建立共同体感觉，就要相互尊重和信赖；而尊重和信赖的基础是爱。

爱是自立，也是成熟，我们会通过爱他人而让自己变得成熟起来。不过，在爱的关系中并不完全是快乐，也有各种无法预料的困难、责任、冷漠甚至悲伤，这些我们都无法掌控，而我们唯一能做的就是主动去爱。只有学会爱他人，我们才能从自我中心里把自己解救出来，才能学会自立和成熟，并找到共同体的感觉。

所以，阿德勒认为，在建立关系时，最重要的就是要从自己的世界中走出来，与别人的世界建立有边界的交集。但对于任何一段关系或一个合伙人，与其说是寻找，不如说当你学会自我接纳，你的合伙人自然会出现，你的关系也自然会发生变化，就像我们常说的那句"你若盛开，蝴蝶自来"。

阻碍从"我"到"我们"的因素

在人际关系中，要找到合伙人，实现从"我"到"我们"的改变很重要。那么，从"我"到"我们"之间到底隔了哪些因素？在建立关系时，是什么阻碍了"我"走向"我们"，与他人建立命运共同体呢？

我认为主要体现在三个方面。

第一个是自恋。

过度的自恋会让我们活在自己的世界当中，对他人难以产生兴趣。而我们感兴趣的，也仅停留在他人对我们的态度或他人怎么看待我们，就像有人说"我爱你"时，其实内心更喜欢的是"我爱你"隐含的那种轰轰烈烈的感觉。正如尼采所说："人最终爱的是自己的欲望，不是欲望的对象。"所以，建立合作的第一步是多保持对他人的好奇，而不仅仅是关注自我、评判自我。

第二个是"模式"的重复。

人的最原始的关系模式原型往往来自自己被父母曾经对待的方式，其中有好的方式，也有不好的方式，甚至是带有伤害的方式。比如面对挑剔的父母，我们可能经常被他们否定，这时我们就难以从与他们的互动中感受到自我价值，同时也很难培养起对自己的信心，觉得自己什么都做不好。而当我们想要与别人建立合作关系的那一刻，内心就会有害怕和恐惧阻碍着我们，让我们担心对方会不会挑剔自己、否定自己。由此，我们对他人便产生了不信任感，人际关系也难以顺利建立。而了解自己、觉察自己是突破原始模式的关键一步。

第三个是假想的恐惧。

人际关系是我们努力和投入的结果，如果我们总是处于被动状态，像小孩子一样等待别人来靠近的话，人际关系圈就会越来越小，这种状态类似于现在常说的"社恐""社交回避"等。而之所以如此，是因为我们曾经有过被抛弃的经历，一旦要建立关系时，内在就会产生强烈的不安全感，害怕和以前一样，再一次被他人抛弃。这种假想的恐惧会导致我们对人际关系失去主动性。

事实上，这个世界虽然不完美，但也不算坏，只要我们始终保持善意，不带着恐惧和敌意去面对它，那么就同样能够收获很多善意。相反，当我们对世界充满恐惧和不安，觉得这个世界处处都是恶意和危险，需要时刻提防、小心谨慎，那自然难以进入合作的状态。当我们的人际关系一直停留在"我"，而没有迈向"我们"时，身边所有的一切都变成了我们哄自己玩的一个游戏，我们眼中没有别人，也没有合作发生，有的只是一个自编自导自演的故事而已。

所以，人际关系中从"我"到"我们"，从"独立"到"合作"，其实是一种选择。我们的人际关系是好是坏、是滋养还是消耗，都是我们选择的结果。当我们学会主动去选择，并且能为自己的选择负责的那一刻，我们就一定能找到志同道合的人。

第六章

心灵的慰藉

第一节

什么样的人更容易幸福

什么是幸福？相信对很多人来说，幸福都是一个很抽象的概念。有人觉得它是一种体验，有人觉得它是一种感受，还有人觉得它与快乐息息相关……总之，幸福没有统一的标准，每个人对幸福的体验也不一样。但是，一个人是否能感受到幸福，我认为与这个人是否属于幸福体质有关。

那么，我们怎样才能判断自己是否属于幸福体质呢？

积极心理学教授彭凯平老师有一本书叫作《吾心可鉴》，这本书让我受益良多。当时，出版社邀请我为该书写推荐语，在里面我提到人们更容易获得幸福的五个关键词：丰富、可控、创造、成就、看见他人。我也用这五个关键词来作为此篇的分享，大家也可以看一下自己是否属于幸福体质。

感觉到自己的丰富

人生中的丰富有很多种，能够感受到自己人生的丰富，就可以获得一定的幸福感。但实际情况是，很多人都感觉自己的人生很贫乏、寡淡，每天的生活两点一线，或者内心里认为自己是个很匮乏的人，既没有开阔的思维视野，又缺乏丰富的人生经历，每天心里只想着一件事，就是怎么赚大钱，或者怎么超越别人，这时就不太容易产生幸福感。所以我们发现，在马斯洛的需求层次中，生理需求和安全需求都属于比较低层次的需求。如果一个人在这些低层次需求上花费精力更多，就难以产生丰富的感觉。

有人可能会说："我的内心很丰富啊，我每天都对未来充满各种各样的想法和期望。"是的，我们每天所经历的，无论是外在现实还是内在体验，都是各种各样，甚至波澜壮阔的。所以，在此我想进一步澄清的是：我们讨论的丰富有一个前提，那就是你内心的期望与外在的现实是一致的。比如你期望平平淡淡就是幸福，实际上你也甘愿过着平淡的生活，能够自得其乐，这种一致会让你感受到幸福。如果你内心期望的是飞黄腾达，现实中却不得不过着平淡的生活，这种冲突就不容易让你产生幸福感。

所以，我们所说的丰富，并不是自以为的丰富，而是我们的内心世界能够与外在世界保持一致，或者说是我们期待的目标与自己的能力能够互相匹配。如果你期待过高，能力值又太低，那就很难产生幸福的体验。

可控感

对自己的生活有可控感，也是让我们获得幸福体验的一种方式。但我们知道生活中的很多事情都是不可控的，比如做噩梦、偶尔的情绪爆发、发现别人对我们有某些看法、对对方的感觉矛盾等，这些都属于不可控的。

前文曾提到，在关系当中，我们内心会需要一个相对稳定的内在客体，也就是说，当我们内在有一些需求，而对方又能够及时回应或满足这些需求时，我们就会感觉这段关系很稳定。在这种情况下，我们会认为这种内在客体关系是可控的、安全的。相反，如果对方没有回应，或者无法满足我们的内在需求，即使他是我们亲近的人，我们也会认为这段关系不够稳定。如果你经常身处这样的客体关系中，在与人交往时，你会不知不觉地把它投射到其他人身上，认为身边的关系都是不稳定、不可控的。

反过来，如果外在的人的表现符合我们内在客体关系的模式，我们会欣然接受。当然，前提是我们要知道自己内在的客体关系是什么，且这一客体关系是稳定的，这时关系才具有可控性。否则，我们就会寄希望于一个理想的人，而不是真实的人，并且将这种想象出来的客体投射到他人身上。但很显然，这种关系是不稳定的，也是不可控的。

创造

幸福感有很多都是来自创造。按字面意思理解，创造有三种解释：无中生有、不断迭代和物质转化。

无中生有不难理解，就是将一个不存在的事物创造出来，使之存在；不断迭代则是不断创新。就像有人喜欢装修房子一样，这个过程一方面是无中生有，另一方面也是一个对旧房子的迭代过程，这些都属于创造。

什么是物质转化呢？

举个例子，我曾看过一部韩剧，里面的弟弟从小就很聪明，哥哥一直活在弟弟的阴影下，对弟弟很嫉妒。有一天，哥哥把弟弟领到一个偏僻的地方决定丢弃，没想到弟弟在此遭遇了绑架。虽然最终弟弟凭借智慧逃脱了，但因目睹绑架者在自己面前自杀，弟弟留下了极大的心理阴影。弟弟获救后，哥哥对此非常愧疚。尤其看到弟弟受绑架事件影响极深，而父母又经常责怪自己，哥哥的愧疚感和罪恶感越来越严重。渐渐地，他就把弟弟的经历当成了自己的经历。这种情况在心理学上被称为向受害者认同。兄弟二人的关系越发糟糕，弟弟对哥哥不但有责怪还有鄙视，原因主要有两个：一是哥哥做了一件让自己极其痛苦的事；二是哥哥把被绑架的经历说成是他的经历，这就像是在撒一个弥天大谎——哥哥明明是加害者，结果反而成了受害者。不过，兄弟二人最终还是解开了误会，言归于好。在这个过程中，他们彼此就重新创造了一种兄弟关系。

所以，物质转化的意思就是，我们与他人之间的关系发生了一个巨大变化，可能原本是敌对关系，最终一下子转变过来，成为朋友、兄弟的关系。当然，这个过程可能会引起很多不好的感受，但最终还是会产生一种"转化"的感觉。比如有人就跟我说，他原来特别怨恨自己的父母，忽然有一天他重新去看待与父母的关系时，便开始理解父母的不易，理解到父母也有自己的局限性。这个过程就是一种转化。

我们在做心理咨询过程中，绝大多数情况下都只做了四件事：首先是共情，我们要先与来访者建立一个相对稳定的同盟关系，一起来面对问题；其次是澄清，也就是叙述事情的经历，这时治疗已经开始了；接下来是质对，即向来访者提出质对性问题，推动他们探索与审视内在自我；最后达成一个修通的过程。这个过程是一个转化过程，同时也是一个创造的过程。

与心理咨询一样，生命是一个时间维度更长的不断创造的过程。每一天都是新的开始。我的一位来访者说他最怕的就是不断重复现在的日子，甚至一眼就能看到 10 年后的自己，这种单调、乏味、无力的感觉让他感觉生命了无生趣。我们能感觉到，这样的生活对他来说是不存在创造的，也很难产生太多的幸福体验。

创造既是在打破当前的状态，也是重建一个全新的自己，这个过程中更容易产生幸福的体验。

体会到知足与成就

前几天我联系上了一位以前的助理，和对方聊了几句，我问他："你最近怎么样？"他说："胡老师，我挺好的，一切都刚刚好。"

"一切都刚刚好"，很多时候我们发现这句话特别"提气儿"，给人一种很圆满的感觉。我们常说要知足常乐，"足"是什么？就是一切都刚刚好。当我们觉得自己的期望值与现实很好地匹配时，就会产生一种成就感和知足感。相反，如果目标设得太高，而自身能力又与目标不匹配，不能如愿达成目标时，人就会失落，并且为之痛苦。有些人对自己的容貌、身材等不满意，希望自己能拥有天使般的面孔、魔鬼般的身材，为了达成这个期望，不断地去整容、塑身，期待有一天能完美蜕变。甚至一次整容、塑身不满意，还要多次进行。这种不满足的状态，很难真正产生幸福感。

有人说，"知足常乐"这样的话都是安慰人、哄人开心的，因为人都有欲望，不可能感到知足。实际上，任何成就感、知足感、幸福感都是相对而言的，欲望也是如此，管理好自己的欲望，适当地节制欲望，在欲望与能力之间需要找到一个相对和谐的匹配度，你的欲望可以通过努力达成，而不要去追求那些不切实际、与自己能力相差悬殊的欲望。

此外，在关系当中，我们也可以体会到成就感，那就是当你对他人有一定的期待，而他人刚好满足了你的期待时。相反，如果你对他人期望过高、过多，或者对方不愿意按照你的期待来行事的话，那么这段关系不但不能为你带来成就感，还会给对方带来很大压力。

所以，真正的成就感和知足感并不完全是向外求，而应该更多地向内求、向自己求，同时多看到自己的价值。你自己有价值，能够成就更多的人，对他人有所贡献，你才更容易体会到成就感，体会到知足带来的快乐和幸福。

看见他人

从现代精神分析客体关系的角度来看，人活着就是为了满足关系的需要。一段能够相互看见的关系，可以让我们拥有幸福的体验。

那么，什么才是相互看见的关系呢？

一位朋友曾问我怎样才能让他父亲改掉吸烟的习惯，我告诉他，你可以先试着想想吸烟这件事对你的父亲来说意味着什么。很多时候，我们所以为的对错，对其他人来说是完全不同的体验。比如吸烟这件事，在朋友看来，它对父亲的健康有害，同时家里人也要被迫吸二手烟，有害健康；但对于他父亲来说，吸烟可能是他缓解焦虑、放松情绪的一种有效方式。

同一个问题站在不同立场看，其体验感也是完全不同的。如果这两个立场完全对立起来，那么结果就是引发矛盾，因为彼此都没有看见对方，只看见了自己，这也是关系当中最难处理的一部分。

弗洛伊德曾说："别人的存在，是为了满足自我力比多（libido）[①] 或者攻击性的投注而已。"如果一个人没有能力看见别人，即使他建立再多的关系，也都是与自己的关系，与别人无关。就像有些父母，对自己的孩子宠爱有加，表面看是想做一个很爱孩子的爸爸妈妈，而实际上，这一切都只是在满足自我需求。我们把这称之为完成自恋的一个行为艺术。因为他们将孩子看成了自己的一部分，或者是一个不完整的对象，并且只看到了他们想看到的那部分，却没有去看到孩子真正的需要。

从事这个行业，经常会被人误解。当我告诉别人，我是一名心理咨询师，立刻就有人问我两个问题：第一，你是不是会催眠？第二，是不是我什么都不说，你就能看透我？其实他们在问我这两个问题时，并不期望我会给出答案，他们也并不想知道心理咨询师或心理学家到底是什么样子的，因为他们自己已经有了答案，他们提出的问题本身就是答案。

很多关系都是这样，人们只是在其中表演自己，缺乏建立关系的深度与连接，并且也根本不想去了解他人。这就像我们经常

---

① 力比多，是英文 libido 的中文音译，它是弗洛伊德理论中的一个重要概念，原指人原始的性本能和性冲动，后扩展为一种机体生存、寻求快乐和逃避痛苦的本能欲望。——编者注

　　　　　　　　　　　　　恰如其分的孤独

听到的那个段子：有一种冷，是你妈妈觉得你冷。难道孩子真的不知道冷暖吗？当然不是。孩子从一出生就知道冷暖，只不过小时候的他们不会表达，不能照顾自己，才需要父母为他们穿脱衣服。长大后，他们完全有能力感知和表达自己的冷暖，自主决定添衣还是减衣，而不需要父母再耳提面命。这种做法，同样是没有看见孩子。

任何一段好的关系的建立，都需要先有看见，继而才会有认同和接纳。用精神分析来解释的话，要真正认同一个人，必须要经过三个过程：看见、摄入和内化。就像我们吃东西要经过进食、消化和补充为营养三个过程一样。看见他人，就像是你吃东西的过程。摄入就是对他人的深入了解。你把东西吃下去后，必须经过消化的过程，再摄入里面的各种成分，将其变成自己身体需要的营养。内化就是把他人的观点变成自己的一部分，就像是身体吸收了食物中的营养一样。

在关系中，我们未必要认同对方，当我们能够做到看见对方，就已经能够从中获得幸福体验了。

第二节

怎样的独处能让人获得滋养

独处时的几种感觉

我相信每个人都拥有过独处的时间。有的人喜欢独处，觉得独处很舒适，能滋养自己；有的人则不喜欢独处，感觉会让自己很孤独、烦躁；还有的人喜欢在外面独处，而不喜欢在家里独处，在咖啡馆独处会让他感觉安心，在家里独处就心里发慌。这可能是因为在咖啡馆虽然是独处，但身边还有其他人存在，可以让人产生一些连接感；在家里时，身边没有人可以建立连接，或者家人让自己感觉压力很大，放大了不适感。总之，每个人在独处时都会产生不同的感觉和体验。

我的一位朋友是个在商业上很成功的人，他有个特别的爱好，就是喜欢到无人区探险，全世界很多地方的无人区他都去过。他很享受那种在无人区放空自我的独处状态。他很喜欢研究西方音乐史。如果你跟他聊西方音乐，他能滔滔不绝地跟你说上三天三夜，他对西方音乐的欣赏水平已经达到了非常高的境界。当他随着音乐的韵律进入某个情境中时，他甚至会泪流满面。我想，这时他一定是将自己完全沉浸在音乐之中了。他还喜欢品酒，对各种酒类有着非常专业的研究，他告诉我他时常一个人在家边听音乐边品酒，他喜欢那种感觉，也享受那份孤独。

前年春节因为疫情暴发，他只能一个人在家过节。我前去看望他，他异常高兴，拉着我聊了好久，我能感受到他想要积极地与人连接。

对于这位朋友，我相信他一个人在探险时、听音乐时、品酒时，一定都是非常享受这份孤独的；但当他一个人在家过节，无法与外界连接时，他又是非常孤单难过的。所以你看，独处有时是一种享受，有时又是一种消耗。这就涉及我们前文讲述的"孤独"与"孤单"的差别。两个词虽然是同义词，但"孤独"突出的是"独"，是指一个人的内在状态，更强调与人内心的连接，而这种连接无论是指向探险、听音乐，又或是品酒，都可以让人享受其中。而"孤单"是一个人的外在状态，重点在于形，它缺乏与内在的连接，也正因如此才让人感到孤单、难过。

除了以上两种感觉外，独处还有一种感觉，就是寂寞。这种感觉就像全世界只剩下你一个人一样，它更多对应的是一种空虚感、绝望感，不但外在没有连接，内在也没有连接，周围是一片死寂。这种虚空的状态会让人特别绝望，很多毒品成瘾的人就是为了对抗这种绝望和死寂，才会通过吸毒的方式来获得强烈的、短暂的、活着的体验。

糟糕的独处

前几天，我的另一位朋友跟我抱怨，说他的一个朋友找他借了钱，但是他现在给对方打电话时，对方竟然不接他电话了。他说，他在意的不是还不还钱的问题，而是对方不接电话这件事让他非常焦虑。我理解他的感觉，这种感觉可能是由于对方的行为打破了他的可控感，让他产生了一种失控的焦虑。所以他跟我说，他想试试"森田疗法"。

"森田疗法"是由日本东京慈惠会医科大学森田正马教授创立的，主要适用于治疗强迫症、社交恐惧、惊恐发作、广泛性焦虑等神经症。它的精髓主要有八个字：顺其自然，为所当为。从字面意思看，这八个字不难理解，但如何运用可能很多人不清楚。

以强迫症为例，一个有强迫症的人特别害怕失控，为了保持内心的秩序感，他会强迫自己做一些事情，但又常常感觉做得不完美，所以会不断反复。"森田疗法"给这类人提出的建议是，什么都不要做，彻底"躺平"；甚至要求他们在床上躺一周，期间除了吃饭喝水去厕所，任何事情都不要做，连与家人见面、交谈、读书、吸烟等活动都要禁止。

这种疗法为有强迫症的人制造了一个完全失控的场景，让他们彻底处于失控状态，自己的所有事情都被其他人控制，所以很多人躺两三天就无法忍受了。这时，如果被治疗者实在想要做一些事情，可以允许他们做一些简单的事情，但每天仅限一小时。比如可以到院子里除除草，或者打扫一下房间，时间一到，就继续回去"躺平"。这时，他们就会特别珍惜这一小时的活动时间，做事时也会非常投入和享受。因为他们很清楚，一小时之后，自己就要继续处于失控状态了，所以要抓紧这一小时时间让自己享受片刻做事的快乐，而不会再考虑是不是能做好、做完美。

这就是"顺其自然"，目的是帮助有强迫症状的人接纳自己也有做不到的事情，而不是强迫自己一定把事情做到完美。在这期间，每天允许患者有一小时的做事时间，是为了让患者能够集中精力，专注于当下的事情，而不再是强迫自己必须把事情做到什么程度，这叫"为所当为"。如此反复一周左右，很多人很快就结束了治疗，并表示自己会好好珍惜做事的机会，体会做事的乐趣。

我的这位朋友说他想用这种方法缓解一下自己的焦虑状态，但我认为没有必要，因为他还没有到达需要运用"森田疗法"治疗的程度。不过，我还是给了他一些建议，让他去找些支持性的资源来帮助缓解自己，比如去找自己的心理咨询师聊聊这个部分。

体验独处

通过以上我的两位朋友的独处方式，我们发现，独处有时会让我们感到愉悦，有时也会让我们非常煎熬。如果你没有特别深刻地体验过独处的感觉，那么我们就一起来做一个冥想，通过冥想来体验一下。

| 自我探索练习 |

现在，请和我一起展开想象。假如你此刻正在一片森林中独自行走，忽然跌入了一口很深的枯井之中，周围没有人看到你，更不可能有人过来帮你，可谓"叫天不应、叫地不灵"。这时，你会是什么感觉？

我相信，此刻你一定会感到很无助、很绝望，也会很害怕，甚至会抓狂地大声嚎叫，希望周围经过的人能听见并把自己救出去。但折腾一番后，你发现这一切都是徒劳，周围根本没有人能帮到你。对此，不同的人可能会产生不同的念头：有的人觉得"算了，反正也出不去了，我就'躺平'，祈祷有人来救我吧"。而大多数人会强迫自己平静下来，然后积极寻找自救的方法。不同的想法和情绪会决定你接下来做出的不同行为。想要寻找出路、实现自救的人，当下只会专注于一件事，就是积极地让自己投入寻找自救方法的状态中。

那么，想一想，处在困境中的你会怎么做？

我相信在这个时候，人的感觉器官都会特别灵敏，想象力特别强，所具备的各项机能也会得到最好的发挥，甚至会超越潜能做出一些冒险的事或自己平时做不到的事。在这种状态下，我们会把自己能了解、认知的东西统统施展出来，甚至无所不用其极地帮助自己脱离困境。

这里有一点要注意，但凡内心中有一丝丝对他人的期盼，我们都难以发挥出自己最大的能力。这也是为什么说成长是发生在痛苦之后，开启于孤独之时。因为在你没有任何外援，不得不一个人面对困境时，你就会想方设法让自己变得强大。

以上是冥想的过程，我们可以借助这种方式，来观察自己如何与孤独相处。

过一种真实而丰盛的独处

在我看来，独处是让自己处于一种能够独自处理问题的状态。"独自"不难理解，它表示你的身边没有任何外援，即使可能有一些支持你的人在默默给予你力量，但那一刻是没有真正的客体在你身边的。在这种情况下，你要"处理"的问题就有很多，比如你的情绪、你在那一刻与外界的关系等。

以上文陷入枯井的想象为例，一旦你陷入枯井当中，你首先要处理的就是自己恐惧、无助的情绪；其次，你还要处理自己与外在世界（枯井）之间的关系，因为此时的枯井对于你来说，不但让你失去了自由、失去了对自我的控制，甚至还可能威胁到你的安全和生命。而要处理好与它之间关系的最好方法，就是尽快摆脱它对你的束缚。

当然也有人说，那只是个想象，现实中我根本没有掉入枯井。的确，但是在现实生活中，我们也可能会陷入其他类似枯井的困境，当这些客观事实发生时，你同样要去面对自己与外界的关系，并且你的处理方式也会影响你此后与外界的关系。因为当你有了一定的经历后，你可能开始感觉这个原本不太喜欢的世界是那么美好，你也会更加珍惜。

所以，在我们不得不独处的时候，我们一方面要接纳自己的情绪，接纳悲伤绝望，接纳自怨自怜，接纳焦虑不安。接纳，本身已是疗愈。另一方面，我们可以尝试抱着积极的态度去观察自己与外界，做自己的内在"父母"，完成那些我们希望父母能够对我们做的事，尝试让自己成为那个恒常稳定的客体。

当我们可以做好这一切时，就能抵达恰如其分的孤独，并且这种独处也可能会滋养我们的生命，让我们的生命更加丰盈。就像前文中那位喜欢探险、喜欢研究西方音乐的朋友一样，每次独处时，他都可以通过欣赏美景、欣赏音乐来缓解情绪，同时也可以在这个过程中与周围的环境、与遥远的他者形成灵魂的共振、思想的交流和精神的碰撞。这种独处是投入的、享受的，美国著名心理学家米哈里·契克森米哈赖将这种状态称为"flow"，即一种经由全神贯注做事所产生的极乐的心理体验，积极心理学家彭凯平教授将其译为"福流"。当人们从事自己喜欢的工作时，他们可以让自己进入全神贯注的忘我状态，从而时常遗忘当前时间的流逝和周遭环境的变化。

投入独处可以给人带来很多好处，但仍然有很多无法独处的人——虽然他们也时常一个人待着家里，似乎是在享受独处，可是他们手机不离身，时时刻刻都要关注手机上的社交软件，看看有没有人找自己，生怕自己会错过别人的消息。具有这种表现的人，内心其实有一种被忽视和被抛弃的恐惧感，害怕自己被别人忽略、被别人忘记。经常看手机，意味着能在收到信息时及时回应，代表了他们也渴望别人这样对待自己。

很多时候我们理解的一些事物都是相反的，就像你虽然一个人待在家里，似乎是在享受孤独，实际上你根本不是在享受，因为你一直在试图通过社交软件与外界互动，你会不断关注周围世界正在发生的各类事件。同样，你也没办法专注于当下的孤独体验，没有真正地去关注周围的环境，更不会从中发现任何的乐趣。

真正的独处一定是能够投入其中、享受其中的，是能够让自己获得一种被滋养的感觉的。哪怕你只是认真地看了一本书，这本书带给你的思考、你与作者之间的精神交流，都可以给你的生活带来某种启示。或者哪怕你只在家里进行一些简单的创造，如写字、画一幅画、做一顿美味的晚餐，都是在把内心中的想法或灵感付诸实际。你所做的这一切，也都是在处理与外界的关系，或者说你能够感受到这些关系，这正是因为你的内在有一个比较稳定的客体关系存在。反之，不能独处也意味着内在客体关系是不稳定的。就像一个人经常看手机，表面上看是希望能及时回应他人的信息、重视他人，其实他重视的是自己被他人对待的方式，或者是对方回应自己的速度，又或是自己的回应速度会不会影响对方。简单来说，他只是在扮演着一个可以快速回应他人的人，实际上，这类人的世界里边只有他自己和他想象的人而已，这种感觉是非常孤单的。

真正的独处一定是能够让人在独处中感受到力量，不管是专注地做一件事，还是进行一些创造，内心都是丰盈而稳定的，而且这种感受也会是你生命中不可或缺的感受。这样的独处，才是让人喜欢、让人享受的独处。

第三节

如何与外在世界相处

内心世界如何，外在世界就如何

你也许听过关于苏东坡和佛印禅师的故事，虽然这个故事属于坊间流传，真实性有待考证，但很能说明我们这一篇的主题。

有一次，苏东坡到金山寺与佛印禅师打坐参禅，苏东坡一时心血来潮，就问佛印："禅师，你看我坐禅的样子怎么样？"

佛印禅师看了看苏东坡，点头称赞道："很庄严，像一尊佛。"得到禅师的赞赏，苏东坡心情大悦。

接着，佛印禅师问苏东坡："苏学士，你看我坐禅如何呢？"

苏东坡想捉弄一下佛印，于是揶揄道："就像一堆粪。"说完还不忘哈哈大笑。佛印禅师听完，也不动气，只是置之一笑。

回到家后，苏东坡把这件事告诉了妹妹苏小妹，还不忘炫耀说："今天我赢了佛印禅师！"没想到苏小妹听完后，不以为然地说："哥哥，其实今天是你输了。禅师心中有佛，所以看你才像佛；你心中有粪，所以看禅师才像粪。"

这个回答它所传达的含义是：你看待世界的样子，便是你内心的样子。你看这个世界觉得到处都充满了攻击、危险或种种不堪，那么说明你内在的世界原本就是如此，因为外在世界正是我们内心世界的投射。你内心的世界如何，外在世界就如何，内心世界和外在世界之间是相互匹配的。

很多人小时候如果得到一个好玩的、别人没有的玩具，必定要让别人知道，原因就是他想试试这件玩具是不是可以让别人羡慕自己，从而更加认同自己。长大后，他们又穿上名牌服装到人群中炫耀，原因也是希望能得到外界的肯定和认同。很多人执着于奢侈品名牌，不穿戴奢侈品便觉得低人一等，究其原因可能是幼年时的自我认同没能很好完成，因此长大后才会在与外界的关系中不断寻求认同。

这一点与苏东坡和佛印禅师之间发生的故事很相似。在这个过程中，苏东坡想要得到佛印的认同；而同时，他又想通过嘲弄佛印的方式来获得自我认同。相比之下，佛印禅师的内心就强大多了。这也反映出了二人不同的内心世界，内心世界是什么样子，看到的外在世界就会是什么样子。

自我认同与外在世界

什么是自我认同

心理学上有个词叫自我认同，意思是能够理智地看待并接受自己以及外界，热爱生活，不会整天沉浸在悲叹、抱怨和悔恨之中，而且能奋发向上，积极独立，有明确的人生目标，并在追求和逐渐接近目标的过程中体验到自我价值及社会的承认和赞许。简单来说，自我认同就是对自己的认知和评价，是一个人自我接纳和自我认可的程度。

一个人的自我认同从童年时期就开始形成了，在童年时期，如果你的父母一直把你当成宝宝，并按照对待宝宝的方式对待你，那么你就会把自己认同为一个宝宝。在其他的人际关系中，你可能会很自然地把别人对待自己的方式解读为"我是个宝宝，他们应该按照对待宝宝的方式对待我"。在这种自我认同下，你会认为关系中的很多人都对你非常友爱和关照。

如果你一开始就认定自己是个很糟糕的人，带着这种认同去观察周围，你不仅会害怕周围人把你当成一个糟糕的人来看待，并且一旦受到别人一点点不一样的对待，你就会认为别人在故意伤害你。为了保护自己，同时也为了维护自己的自尊心，你会装出一副满不在乎、不屑一顾的姿态来对待他人。实际上，这可能只是你极度自卑的一种体现。在生活中，你的全部意义就是维护自己的自尊，在任何一段关系里，只要发现别人有不尊重你的地方，你就会反应强烈。因为这种不被尊重、不被很好对待的感觉，对你来说可能比死还要痛苦。

我研究关系心理学，关系心理学所指向的就是我们与世界、与他人之间的关系，以及与他人之间是如何互动的。现实世界的归属我们可能无从得知，但我们的世界一定是属于自己的。无论这个世界客观存在是什么样子，我们都可以自己决定这个世界对我们的意义。

情绪 ABC 理论

心理学上有个著名理论，叫情绪 ABC 理论，是由美国心理学家阿尔伯特·埃利斯创建。它的意思是说：激发事件 A 与结果 C 不是直接相关的，中间还有一个桥梁 B。举个例子，同样是面对堵车事件 A，如果中间的信念 B 是"堵车就是浪费我时间"，那么结果 C 自然是负面的，我们觉得当下这段时间被浪费了，因为会出现焦虑和烦躁。然而，如果我们的中间信念 B 是"堵车让我有了休息放松一下的机会"，那么结果 C 将带给我们比较放松的体验，比如我们会听听广播、看看新闻等。

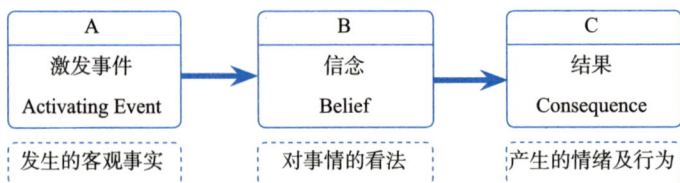

图 6-1　情绪 ABC 流程图

从前因到后果之间会经过桥梁 B，也就是我们对面临情境的评价与解释。而即使在同一情境下，不同人的理念、评价和解释也都不尽相同。

埃利斯认为，正是因为人们经常有一些不合理的信念，才会让自己产生情绪困扰。如果这些不合理的信念存在时间过久，还会引起情绪障碍。

所以很多时候，你觉得这个世界对你不好、不公平，其实世界本身无所谓公平与否，更多是取决于你对待这个世界的态度。当你改变了对世界的态度、对周围人的态度，这个世界和你周围的人也会发生改变。

举个例子，如果一位女性总是对男性抱着白马王子般的憧憬，或者过于理想化男性，那就意味着她对男性以及彼此的亲密关系有了更多期待，比如期待对方把自己当成宝宝一样对待，并且会真的按照这个理想化的样本去寻找。但我们知道，理想化的事物在现实中是不存在的，所以她在现实中体验到的也只会是各种"糟糕"的对待。一旦她认为对方会伤害她，就会产生防备心理，甚至在内心中对男性重新定义，认为"男人没有一个好东西"。在这种心理影响下，她面对男性时也不再坦诚，而是会战战兢兢，生怕对方再次伤害自己。

我有一位女性朋友，曾经跟我分享过她的经历。在她小时候，她的父亲很严厉，并且经常对她百般挑剔，认为她什么都做不好，这种教育方式严重影响了她的自我认知。长大后，即使她越来越优秀，但只要面对领导或者是一些职位比她高的男性，她就感到紧张、害怕，担心自己做错事、说错话。至于领导让她做什么、怎么对待她，统统不重要，重要的是对方是领导身份，或者是一个权威身份，她的这种反应就会出现。这就是一种防御性反应，目的是避免对方给自己造成伤害，于是将自己保护起来。但如果我们总是把世界想象成危险的，那么看到的也一定是它危险的一面，而且我们对待世界的方式也一定是对待危险的方式。

再举个例子，有些女性特别害怕被家暴，于是在寻找伴侣时会特意将这一点强调出来。这本身没什么问题，但由于她们内心过于害怕并有所防御，因此即使伴侣并没有家暴倾向和行为，只是在生活中偶尔出现情绪问题，她们都会觉得这是个危险的信号，对方要以暴力的方式对待自己了，继而也会反应过度。如果总是对这个问题反应过度，久而久之，也会让对方变得异常敏感，甚至心里产生反感情绪，而反感后可能就会发脾气，于是，家暴也许就真的开始了。这种行为在心理学上被称为毁掉关系，因为它让你慢慢地将内心中一个糟糕的客体或你恐惧的客体投射到别人身上，而别人也会渐渐认同这个客体，这一点在亲密关系中表现得尤为明显。就像我们常说好孩子是肯定出来的，越是指责、批评孩子，就会让孩子的表现越来越差。

这是投射认同的一种表现。在整个过程中，你向外在世界投射出去的是什么，外在世界就会认同什么，同时还会把这种认同反馈给你。所以我们说，所有的关系都是合谋的结果。

当你对世界善意以待，世界也会善意待你

我经常会举关于家暴的例子，是因为家暴在家庭关系中是一个典型的多元性问题，有些人遭遇家暴并不完全属于家暴者的责任。我在与一些被家暴者沟通时，问她们："你在选择伴侣时，知道他会家暴吗？"她们会说："就因为我怕家暴，所以才选择了一个老实人，并且还特别跟他强调，如果有一天他家暴我，我立马离婚。"但事实上，最后依然发生了让她们害怕的事情。

原因是什么呢？

我在跟这些女性深入沟通后发现，她们其实很清楚每一步会发生什么，也很清楚自己哪句话会激怒对方。但有意思的是，她们偏偏要去激惹对方，并且还要求对方不能家暴自己。这就像周星驰的那部电影《九品芝麻官》中，一个叫方唐镜的律师在极力挑衅周星驰所扮演的包龙星，大声嚷嚷："我就是这样，有本事你打我呀！"结果被包龙星暴揍了一通。打完后，包龙星摊摊手对周围的人说："是他叫我打的啊，我从来还没遇到过这样的诉求！"

在实际生活的关系中，这种情况很常见，一些被家暴的女性在讲述家暴过程时，他们会义愤填膺地说："那个臭男人，我看到他眼睛一瞪，就知道他可能要对我动手！我才不怕他，凭什么我要忍让他？我就要冲到他面前骂他'有本事你今天就打死我！你不打死我，你就不是男人……'"所以接下来，大家都知道发

生什么了吧？

在任何一段关系中，每个人彼此间都要承担一部分责任。当然，无论从道德上还是法律上讲，家暴者一定是不对的，但我们的世界、我们所拥有的关系并不是非对即错，我们需要的是在关系当中如何更舒适地存在，让这段关系更好地滋养我们，让我们去体会更加美好的人生，而不是纠结其中谁对谁错。所以在关系中，我们要如何承担自己的那部分责任，如何创造一个更有益于彼此的关系是很重要的。如果你在一段关系中处处碰壁、事事不顺，那么你可能需要认真思考一下，自己是否真的适合一直待在这段关系中？如果不行，就要尝试换一种方式。

也就是说，我们要有重新看待自己、觉察自己的勇气，并且问问自己：是选择继续对这个世界充满恶意，同时也被这个世界恶意地对待，还是愿意打破当前的境遇，重新创造一个充满善意的世界？这就是我们常说的"打破舒适圈"。"舒适圈"其实就是一种习惯，也可以叫强迫性重复，它不需要你花费太多力气和精力就能待在里边安身立命。或者说，舒适圈就是由我们的很多防御方式组成的圈层，只有我们自己主动行动，才有可能将其打破。否则，你会永远待在其中。

不过，你也不必因此评判自己。前段时间有一位朋友问我说，自己一直离不开一段关系，而这段关系又特别消耗自己，该怎么办？我告诉他，那是因为这段关系是他自己需要的。他只要待在里边，就会让自己显得很无助、很高尚，这正是他需要的感觉。如果这段关系没有了，他就很难找到一个可以与他更匹配的关系了。当我们不愿意继续现状，又没有力量改变时，我们就很想要逃避。待在一段明显消耗自己的关系中，也可以理解为是一种逃避，这段关系就是你的舒适圈，是你如今的保护伞。现阶段，待在这个关系里一定比结束这段关系对你而言更有益处，所以你才会待在这里。趋利避害是人的本能，我们的一切选择一定是当下最优的选择。

总而言之，对于每个人的人生来说，你如何拥抱世界，世界就会如何拥抱你。你可以体会一下：每天早晨醒来，你是全副武装、对世界保持警惕的，还是柔软放松、对世界充满善意的？如果你一起床就开始抱怨世界，那就是全副武装的状态；如果你一起来就感觉美好的一天又开始了，你又可以发现很多有趣的东西、拥抱美好的世界了，那就是柔软放松的状态，你对世界也会充满善意。而当你能够充满善意地对待世界时，你会发现很多美好的事情会不断发生，你也会被这个世界温柔相待。